SCHLANK!
FÜR BERUFSTÄTIGE

DR. MED. ANNE FLECK

SCHLANK! FÜR BERUFSTÄTIGE

Schlank! und gesund mit der Doc Fleck Methode

FOTOS **HUBERTUS SCHÜLER**
REZEPTE **BETTINA MATTHAEI**

Inhalt

Schlank sein, schlank werden als Lebensziel?
Aufbruch zur Gesundheit.

Dem Irrglauben, dass Schlanksein besonders gesund sei, rennen Menschen Tag für Tag an zahllosen Ecken dieser Welt mit hängenden Mundwinkeln hinterher. Die Sklaverei des Gedankens ans Schlankwerden um jeden Preis hält sie fest im Würgegriff. In meinem Buch „SCHLANK! und gesund mit der Doc Fleck Methode" versuche ich, dafür zu sensibilisieren, dass das nicht der richtige Weg ist.

„SCHLANK! und gesund" soll ein Aufbruch, Ihr Aufbruch werden, in ein Leben in Gesundheit – nicht in Krankheit. Denn Dünnsein bedeutet längst nicht immer, gesund zu sein! Fast 40 Prozent der äußerlich schlanken Menschen sind dünne Dicke, also Menschen, die für ihre schlanke Taille beneidet werden, aber dennoch innerlich verfettet sind. Sie sind hochgradig gefährdet, an Herz-Kreislauf-Krankheiten, Insulinresistenz, Diabetes mellitus, nichtalkoholischer Fettleber, Krebs und Demenz zu erkranken. Das Dilemma der dünnen Dicken: Sie fliegen bisher komplett unter dem Radar des Gesundheitssystems. Dabei sind die dünnen Dicken oder fetten Schlanken genauso wie die offensichtlich dicken Dicken in gesundheitlicher Gefahr. Das fette Problem dabei: Sie ahnen nichts davon. So hoffe ich sehr, dass meine Bücher auch die Gruppe dieser dünnen Dicken erreichen. Seit Jahren kämpfe ich für eine moderne Medizin der Zuwendung, die vorsorgt. Für ein echtes Gesundheitssystem, das den Menschen gesund erhält und nicht Symptome glatt bügelt. „SCHLANK! und gesund" soll dabei jeden Menschen in seiner Individualität beflügeln, Initiative und Anleitung sein, das Leben und die Gesundheit in die eigenen Hände zu nehmen.

Nach vielen Jahren Praxis haben mich die Erfolgsgeschichten meiner Patienten ermutigt, meine ganzheitliche Methode im Buch „SCHLANK! und gesund" für andere Menschen zugänglich zu machen. Das Buch basiert auf meinem Ansatz, der den Menschen als Ganzes in seiner Einzigartigkeit erfasst. Jeder Mensch ist anders, isst anders. Jeder Mensch hat andere Vorlieben und Verträglichkeiten, Traditionen, Motive und Ziele im Leben. Jeder Mensch muss daher auch anders behandelt werden. „Einfach mal so" – das allseits verbreitete Gießkannenprinzip – oder rabiate Kahlschlag-Empfehlungen, die für alle gelten, führen nicht zum gewünschten Erfolg. In meiner Methode, die auch diesem Buch zugrunde liegt, geht es darum, Ihre Gesundheit durch eine moderne Ernährungsumstellung und schrittweise Änderungen im übrigen

Lebensstil und Verhalten behutsam zu steuern. Und es geht darum, das Entweder-oder-, das Schwarz-weiß- und Alles-oder-nichts-Denken und den versteckten Perfektionismus abzustreifen.

Ich bin absolut überwältigt, wie viele Menschen sich diesem Weg inzwischen sogar im Ausland angeschlossen haben. Ich wusste immer, dass diese im Buch dargelegte ganzheitliche Methode das Leben der Menschen positiv verändern kann. Es ist sehr berührend, von den unzähligen Erfolgsgeschichten der Leser zu erfahren. Es sind überwältigende Geschichten von Menschen, denen das Buch „SCHLANK! und gesund" nicht nur geholfen hat, Symptome zu lindern, sondern sogar Krankheiten zu heilen. Für diese Momente bin ich dankbar!

Viele meiner Leser und Patienten wünschten sich sehnlichst ein neues „SCHLANK!"-Rezeptbuch, das vor allem den Menschen neue Impulse gibt, die Tag für Tag arbeiten und für die Zeit ein extrem rares Gut ist. Voilà! Und ich freue mich sehr, wenn dieses Buch auch Sie erreicht, denn es ist immer die richtige Zeit, Gedanken und Dinge positiv zu ändern und das Ruder für die Gesundheit herumzureißen. Die wunderbaren Rezepte in diesem Buch sind wie immer nach dem neuesten Stand der Ernährungswissenschaft ausgeklügelt und entwickelt. Gern können Sie die Rezepte wie gewohnt an Ihre individuellen Bedürfnisse und Vorlieben anpassen.

Gesundheit und Genuss schließen sich dabei nie aus. Im Gegenteil! Unser kleines Leben ist zu kurz für freudlose fettarme Knabbereien. In diesem Sinne: Lassen Sie sich durch dieses neue Rezeptbuch von Lebenslust und Experimentierfreude anstacheln. Bleiben Sie weiter offen für frappierend positive Veränderungen, Chancen, Begegnungen und Momente, die das Leben uns manchmal unverhofft schenkt. Bleiben Sie offen für das großartige Ritual der Dankbarkeit – das ist einer der besten und gesündesten „SCHLANK!"-Macher im Leben. An dieser Stelle sage ich ein herzliches Dankeschön an alle Menschen, die mich in den vergangenen Jahren immer wieder ermutigt und bestärkt haben, meine Methode und Erfahrungen zu teilen.

Es sind immer die Begegnungen mit Menschen, die das Leben besonders und lebenswert machen. Die Begegnung mit Menschen – und mit Büchern, füge ich mit einem kleinen Lächeln hinzu. So hoffe ich, dass „SCHLANK! und gesund für Berufstätige" ein neuer und treuer Begleiter in Ihrem Alltag wird. Ein Rezeptfreund, der Ihnen Genuss und Spaß in die Küche bringt. Die Ausrede „keine Ideen, keine Zeit" lasse ich ab jetzt nicht mehr gelten. Denn die raffinierten Rezepte in diesem Buch sind so angelegt, dass sie mit wenig Zeitaufwand und einfachen, ehrlichen Zutaten zubereitet werden können.

Und apropos Zeit: JETZT, in diesem Moment beginnt Ihre Zukunft. Vergessen Sie nicht: Was Sie heute tun oder nicht tun, bestimmt Ihr Leben von morgen. In diesem Sinne: Trauen Sie sich, Ihr Leben ab jetzt beherzt in die Hand zu nehmen!

Was ich mir für Sie wünsche? Dass Sie sich mit Genuss durch dieses Rezeptbuch kochen, dass Sie andere von dieser gesunden und schlanken Lebensform begeistern und schon bald mit viel neuer körperlicher und geistiger Energie knackig um die Ecke biegen. Machen Sie was draus!

Anne Fleck

Herzlichst, Ihre Dr. med. Anne Fleck

Warum Fettpolster so gefährlich sind

Schlank sein, dünn sein, von Diät zu Diät hecheln, von den vermeintlich gesunden Versprechen von Kohlsuppen-, Hollywood- und Wodka-Wurst-Diäten verführt werden (lachen Sie nicht oder lieber doch, es gibt wirklich nichts, was es nicht gibt): In diesem traurigen Rhythmus eiert das Lebenskarussell vieler Menschen. Das Karussell des Lebens dreht sich dramatisch! Rumms! Aber es dreht sich dramatisch viel zu kurz für solche absurden Experimente mit freudlosem „Diätzauber" und elendem Hokuspokus. Wie viele Menschen haben sich über Jahrzehnte dick gehungert? Wie viele Menschen hüpfen freudlos und sklavisch von Diät zu Diät und ärgern sich nicht nur über den gefürchteten Jo-Jo-Muffin über dem Hosenbund? Nicht wenige. Was mich auf die Palme bringt: Klar können Sie mit Fruchtjoghurt, Milchreis, Vollkornbrot, Kartoffelauflauf, Friss-die-Hälfte-Diät, Eiweißshakes und -riegeln, dem emsigen Verbannen von Fett auf dem Teller und fleißig-rigider Kalorienrestriktion abnehmen. Theoretisch könnten Sie auch, wenn Sie nichts anderes essen, mit einer Tafel Schokolade pro Tag genüsslich abnehmen. Viele lassen sich mit Stolz und bestaunenswerter Energie auf solche kuriosen Experimente ein. Eine gesundheitliche Katastrophe! Wenn es so einfach wäre, dass man einfach mit Kalorienzählen abnimmt, warum gibt es dann – ketzerisch gefragt – die weltweite Übergewichtsepidemie?

Genau das wird seit Jahrzehnten gepredigt: „Alle Nahrungsmittel sind gleich. Hauptsache, die Kalorienbilanz passt." Nein, so einfach ist es leider nicht. Das ist eine fatale Milchmädchenrechnung und breitgetretener Quark. Wie Goethe es so schön sagte: „Getretener Quark wird breit, nicht stark." Was vielen nicht bewusst zu sein scheint: Die Kalorienbilanz berücksichtigt nicht, dass durch solche verirrten Ernährungsempfehlungen innerlich versteckte hochgefährliche Fettdepots gezüchtet werden können.

So entstehen durch kranke Fettzellen kleine Entzündungsfabriken, die den gesamten Organismus durch eine systemische Entzündung lahmlegen. Das Ende vom Lied: äußerlich schlank! Und innerlich krank.

Unsere Fettzellen sind nicht schurkenhafte Dickmacher. Im Gegenteil: Eigentlich sind sie besonders liebenswerte Zellen, die dafür sorgen, dass der Körper in Zeiten des Mangels gut versorgt wird, und die uns vor Stößen und Verletzungen schützen. Die Fettzelle ist kein plumpes Kaloriendepot, sondern ein hochsensibler kleiner Orbit, der auch

krank werden kann. Halten Sie mal kurz inne und überlegen Sie, wie oft Sie in den vergangenen Tagen wiederholt und unbedacht Ihren Blutzucker nach oben gejubelt haben. Nicht wenige Menschen kauen und schlucken sich durch die Tage. Hier ein Keks, da ein Hustenbonbon. Und schwups ist er wieder hochgerauscht, der Blutzucker. Kohlenhydratdichte, zuckerreiche Mahlzeiten, Fruchtsäfte, all das pusht den Blutzuckeranstieg und provoziert die Insulinreaktion der Bauchspeicheldrüse. Insulin als blutzuckersenkendes Schlüsselhormon ist ein einseitiger Türöffner, es schließt die gesunde Fettzelle auf und drückt Kalorien in die Zelle hinein. Die Fettzellen sind aber nicht in der Lage, unbegrenzt viel Glukose zu schlucken. Je mehr Massen an Glukose im Blut umherdüsen, umso mehr wird die Bauchspeicheldrüse zum Insulinausstoß angetrieben. Strömt immer mehr Insulin durch das Blut, werden die Fettzellen langsam, aber sicher insulinresistent. Die insulinresistente Fettzelle kann den Ruf des Insulins nicht mehr hören. Die Tür der Fettzelle bleibt verschlossen und in der Folge stapeln sich die Glukosemassen im Blut. Umso verzweifelter wird die Bauchspeicheldrüse versuchen, den chronisch-krankhaften Blutzuckerspiegel mit immer größeren Insulinausschüttungen niederzuknüppeln. Die Übermacht an Insulin sprengt letztlich die Tür der Fettzelle auf und zwingt diese, die Glukose zu speichern. Die Fettzelle ist überfordert. Sie wird immer dicker und bekommt keine Luft mehr. In diesem bedrohlichen Zustand gerät die Fettzelle in eine Notsituation und greift nach dem Strohhalm der immunologischen Entzündungsreaktion, mit der sie versucht, der Lage Herr zu werden. So mutiert die gesunde Fettzelle zur kranken und krank machenden Entzündungsfabrik. Diese wissenschaftlich als „Silent Inflammation" bezeichnete Entzündung ist eine schreckenerregende Drohkulisse für die Gesundheit. Der Stand der Forschung belegt: Diese stillen Entzündungen sind der Stimulus für Übergewicht und chronisch-degenerative Krankheiten. Sie breiten sich wie eine perfide Infektionskrankheit im ganzen Körper aus, verkleben etwa die Blutgefäße und züchten Arteriosklerose. Auch die Fettzellen der Leber sind besonders anfällig für die chronische Entzündungsreaktion. Die denkbaren Folgekrankheiten Hepatitis, Leberzirrhose und Leberkrebs sind ebenso keine belustigende Perspektive. Zeit, die stille Entzündung aus den entzündlich veränderten Fettzellen endlich ernst zu nehmen! Höchste Zeit!

Auch vermeintlich Schlanke sind gefährdet

Schlank? Das sagt gar nichts. Wer äußerlich mit einer schlanken Taille um die Ecke biegt, gilt als gesund und knusprig. Was für eine fatal falsche Annahme! Denn den wenigsten Menschen ist bewusst: Dünnsein ist keine Garantie für Gesundheit. Die Epidemie des Übergewichts überrollt die westlichen Industrienationen. Darin spiegeln sich ein markantes Drohszenario für die Gesundheit des Einzelnen und die horrenden sozioökonomischen Folgen für die gesamte Gesellschaft.

Bei meiner Methode geht es um weit mehr, als ein paar Kilos von den Hüften zu hexen. Mein Wunsch für Sie ist, Gesundheit und Lebensqualität nachhaltig zu verbessern. Es gilt, die Schäden durch stille Entzündungen abzuwenden, denn die Gefahren liegen zwar in der Luft, sind aber für die meisten unmerklich. Auch äußerlich Schlanke gehören zur Risikogruppe. Sie sind naiv, ahnungslos. Die Gruppe der dünnen Dicken oder fetten Schlanken, wissenschaftlich TOFIs genannt (englisch „Thin Outside, Fat Inside"), sind wegen ihrer Ahnungslosigkeit sogar extrem gefährdet. TOFIs sind Menschen, die äußerlich normalgewichtig sind, aber innerlich entzündlich veränderte Fettdepots haben.

Man geht inzwischen davon aus, dass etwa 40 Prozent der Schlanken echte TOFIs sind. Genauso wie die offensichtlich Übergewichtigen haben sie ein massiv erhöhtes Risiko für den gesamten Begleitzirkus an Grausamkeiten, den eine stille Entzündung mit sich bringt: Herz-Kreislauf-Krankheiten, Insulinresistenz, Diabetes mellitus Typ 2, erhöhte Blutfett- und Harnsäurewerte, hormonelle Dysbalancen, Krebs, Arthritis, multiple Sklerose und Demenz.

Das knackige Problem: Die dünnen Dicken sind bisher nicht auf dem Radar des Gesundheitssystems – keine Leitlinie, kein Screening erfasst diese gefährdete Gruppe. Ein Drama mit immensen Folgen, das es zu verhindern gilt.

40 Prozent der vermeintlich Schlanken haben gefährliche innere Fettdepots.

Warum es sich lohnt, den Darm zu sanieren

Geheimer Lenker unserer Gesundheit ist der Darm. Wie wir uns um unseren Darm kümmern, ist für das gesunde Schlanksein entscheidend. Der Darm ist das wichtigste Gesundheitszentrum unseres Organismus. Er versorgt uns mit Nährstoffen, beherbergt rund 80 Prozent aller Immunzellen, ist Hauptproduzent des Glückshormons Serotonin und Wohnsitz des vegetativen Nervensystems. Gleich einer intensiv befahrenen Autobahn kommuniziert der Darm mit dem Gehirn, das heißt, was wir essen, entscheidet sogar über unsere Gefühle. Das größte Faszinosum des Darms ist aktuell Gegenstand intensiver wissenschaftlicher Forschung: das Mikrobiom (wissenschaftlicher Ausdruck für die Gesamtheit der dort lebenden Darmbakterien). Über 100 Billionen Darmmikroben hausen in unserem Darm und sind trotz ihrer Winzigkeit die bedeutendsten Puzzlestücke, die wir für ein Leben in Gesundheit brauchen. Jeder von uns Menschen ist in Persönlichkeit, Charakter, Vorlieben, Geschmack, Talenten einzigartig – und jedes Individuum ist in der Komposition der Darmbakterien unique, gleich einem Fingerabdruck. Je bunter und vielfältiger sich die Zusammensetzung dieser Darmbakterienfamilien gestaltet, je größer die sogenannte Diversität, desto besser unsere Gesundheit und die Abwehr von Krankheit. Die Darmmikroben, die „Boxhandschuhe des Immunsystems", sollten folglich aufmerksam gepflegt werden. Werden gute Darmbakterien durch inflationäre Antibiotikatherapien, Magen-Darm-Infektionen, übertriebene Hygiene, eine falsche Ernährung mit reichlich Zucker oder Süßstoff oder chronischer Ballaststoffarmut ins Ghetto geschickt, zünden chronisch-degenerative Krankheiten. Und nicht nur die Macht der Darmbakterien ist für unsere Gesundheit bedeutend, sondern auch die intakte Barriere der Darmschleimhaut.

Nach Stand der Wissenschaft entscheiden die einflussreichen Darmbakterien und die intakte Darmschleimhautbarriere nicht nur über das Gewicht, sie sind auch Dünger für schwerwiegende Krankheiten wie chronische Fatigue, chronisch-entzündliche Darmkrankheiten, Reizdarmsyndrom, Arthrits, Asthma bronchiale, Hautekzeme, Autoimmunkrankheiten, multiple Sklerose, Depressionen, Morbus Alzheimer oder Schizophrenie. Eine solide, gesunde Darmflora produziert dabei lebensnotwendige Fettsäuren (wie Buttersäure), die die Darmschleimhaut von innen pflegen, ähnlich wie eine Creme die Haut von außen pflegt. Ist das Gleichgewicht der

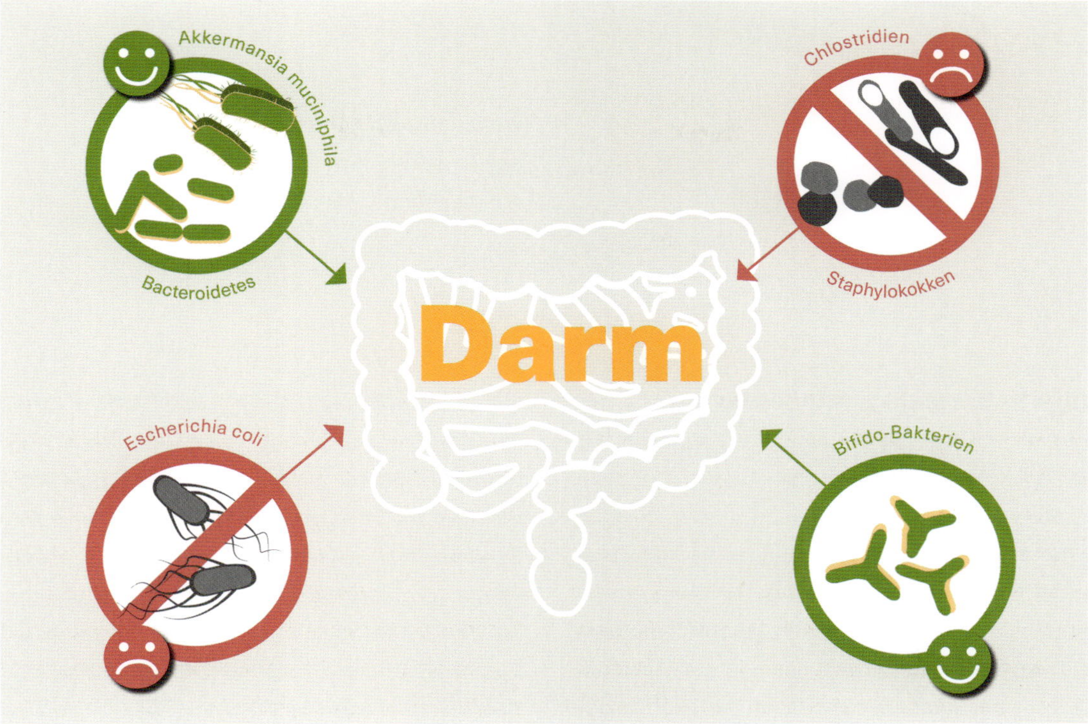

Darmbakterien gestört, gerät der Schutzfilm der Darmschleimhaut in Gefahr, peu à peu bröckelt die vorher unversehrte Darmbarriere. Das ruft eine heftige Notwehr des Immunsystems hervor. Erste Frühwarnzeichen für diesen Missstand sind unspezifische Symptome wie Blähungen, Durchfall, Verstopfungen, Heißhunger auf Süßigkeiten. Hand aufs Herz oder auch den Bauch: Wann haben Sie sich zuletzt Gedanken um die Gesundheit Ihres Darms gemacht? Der Darm ist uns bedingungslos ausgeliefert: Was wir schlucken, landet im Darm, ohne Wenn und Aber. Die Sorge um ihn sollte so selbstverständlich werden wie der Griff zur Zahnbürste. Zeit, sich endlich um den Darm zu sorgen! Das ist sogar einfacher, als Sie denken ...

Langfristig sind sie ein entscheidender Faktor: die Schlankbakterien Akkermansia muciniphila, Bacteroidetes und die Bifido-Bakterien.

Der Anteil an guten und schlechten Darmbakterien bestimmt darüber, ob Ihr Körper jede mögliche Kalorie aus der Nahrung zieht oder einen kleinen Teil wieder ausscheidet. Über viele Jahre gesehen entscheidet das bei vielen Menschen bereits über schlank oder übergewichtig. Es lohnt sich also, das Gleichgewicht der Darmbakterien umzuprogrammieren.

Viele Fette sind besser als ihr Ruf. Nur gehärtete Fette gehören wirklich nicht auf den Teller oder in den Mund.

Gute Fette, gute Darmbakterien

Bei meiner Methode behandle ich grundsätzlich mit einer darmgesunden und antientzündlichen Ernährung, die das Wohnhaus für die gesunden, schlank machenden Darmbakterien renoviert, indirekt die Darmbarriere stärkt und chronischen Entzündungen die Stirn bietet. Bevor Sie hoffentlich sehr bald in die Welt der neu entwickelten Rezepte eintauchen und danach handeln, fasse ich im Folgenden ein paar praxisbewährte Ratschläge zusammen.

Um Ihren Freunden, den gesunden Darmbakterien, ein bestmögliches Wohlfühlklima zu bieten, brauchen Sie eine ausgewogene Ernährung, die individuell zu Ihnen passt und folgende Kriterien beachtet: vielfältig, abwechslungsreich, zucker- und kohlenhydratarm und mit reichlich Ballaststoffen, moderaten Mengen Eiweiß und gesunden Fetten. Denn die sympathischen guten Darmbakterien sind echte Feinschmecker, die Vielfalt lieben, vor allem aus den präbiotisch wirkenden Ballaststoffen. Dazu zählen zum Beispiel das wertvolle Pektin aus der Schale eines ehrlichen Apfels, Flohsamenschalen (gemahlen), Haferkleie, Inulin aus Chicorée, Zwiebeln, Knoblauch, Spargel, Lauch, Endiviensalat, Zichorienwurzel. Aber auch Kaffee (optimal zwei Tassen täglich und schwarz getrunken), klassisch zubereitet, liefert nicht unerhebliche Mengen an darmgesunden Ballaststoffen. Ballaststoffbomben für den Alltag sind zum Beispiel auch Hülsenfrüchte, Nüsse, Mandeln, Beeren, Kohlgemüse und grünes Blattgemüse. Denken Sie daran, mit den Ballaststoffen langsam zu starten, und überfordern Sie Ihren Darm nicht! Sonst fliegt abends die Bettdecke weg. Haben Sie etwas Geduld!

Auch ist auf eine ausreichende Flüssigkeitszufuhr zu achten, etwa 30 ml pro Kilogramm Körpergewicht ist ein solides Maß für eine passende tägliche Trinkmenge.

Nicht nur der Einsatz von Präbiotika (aus dem Lateinischen/Griechischen: prae bios, vor dem Leben; das Futter für die gesunden Darmbakterien), sondern auch von Probiotika (aus dem Lateinischen/Griechischen: pro bios, für das Leben) ist sinnvoll. Probiotika sind von außen zugeführte, quasi in den Darm gepflanzte Darmbakterien, die auf die bereits heimische Darmflora wirken und diese modifizieren. Exzellente Quellen für Probiotika sind fermentierte Lebensmittel, also mit wertvollen Bakterien vergorene Produkte, wie frisches Sauerkraut aus dem Reformhaus oder Bioladen.

Das Sauerkraut muss frisch sein und darf keinesfalls erhitzt werden, auch nicht zu Hause, sonst werden die wertvollen immunstärkenden Lactobazillen (Milchsäurebakterien) gemeuchelt. Andere klug einsetzbare fermentierte Lebensmittel sind etwa nicht mit Hitze behandelter frischer Joghurt, Kefir, Buttermilch, Miso und Kimchi.

Der zweite wichtige Hebel, Ihren Körper auf gesundes Schlanksein zu programmieren, liegt in der gezielten Entzündungshemmung. Zuverlässige Helfer aus dem Portfolio der täglichen Nahrung sind Omega-3-Fettsäuren aus fettem Fisch aus Wildfang und nachhaltigen Quellen (Wildlachs, Hering), hochwertige Pflanzenöle wie Leinöl mit DHA-Zusatz aus Algen (DHA, also Docosahexaensäure, ist die Königin der wichtigen langkettigen Omega-3-Fettsäuren), Hanföl oder Walnussöl. Diese omega-3-reichen Pflanzenöle müssen aus omegageschützter Produktion stammen, da ein Kontakt mit Sauerstoff, Licht und Hitze das mimosenhafte Omega-3-Öl beschädigt und eine gefährliche Oxidation von Fetten bewirkt. Und oxidierte Fettsäuren sind ihrerseits Motoren für eine gefährliche Entzündung. Besonders hilfreich ist die Kombination von Leinöl und Weizenkeimöl, die ich sehr gern empfehle, da der natürliche Gehalt von Vitamin E in Weizenkeimöl, das glutenfrei ist, die Oxidationsgefahr und den Antioxidantienverbrauch von Leinöl minimiert. Als weitere Omega-3-Fettsäurequellen dienen Walnüsse, Macadamianüsse, Pekannüsse sowie Leinsamen, die Sie am besten erst kurz vor dem Verzehr mahlen, damit sie nicht oxidieren.

Achtung: Seien Sie streng bei der Qualität von Fetten und Ölen und achten Sie darauf, dass auch Nüsse und Samen nicht ranzig schmecken oder schimmelig sind!

Als solide Fettquellen sind auch ein gesundes und wohlschmeckendes Olivenöl extra vergine, Oliven und Avocados zu werten, wenngleich die wunderbare Avocado leider keinen so erquicklichen ökologischen Fußabdruck hat.

Als weitere Verbündete für ein gesundes Schlankziel und ein darmgesundes, antientzündliches Essen gelten Gewürze und Heilkräuter. Sie sind exzellente Kumpels mit enorm antientzündlicher Power. Besondere antientzündliche Kraftpakete sind schwarzer Pfeffer, Cayennepfeffer, Kurkuma, Ingwer und Chili. Und auch bescheidene Küchenkräuter wie Petersilie und Basilikum, erfreulicherweise an jeder Ecke erhältlich, können als Füllhorn an Vitaminen und Mineralien jede Nahrung veredeln und schnelle Kochkunst zu einer gesunden Mahlzeit vollenden.

Apropos Schnelligkeit und Zeit – wenig Zeit ist ab jetzt keine Ausrede mehr!

ERFAHRUNGSBERICHTE

SCHLANK! und gesund mit der Doc Fleck Methode

Wie funktioniert die Doc Fleck Methode in der praktischen Anwendung zu Hause? Die Krankheitsverläufe und gesundheitlichen Verbesserungen der einzelnen Menschen ähneln den positiven Erfahrungen, wie ich sie aus meiner täglichen Praxis und meiner Sendung „Die Ernährungs-Docs“ kenne. Wir haben Leute aus der DocFleck-Facebook-Gruppe gebeten, ihre Erkenntnisse in einem Fragebogen niederzuschreiben. Die Ergebnisse haben mich tief bewegt. Nicht nur die Gewichtsverluste sind quer durch die Bank beeindruckend. Was für mich noch mehr Gewicht hat, sind der Zugewinn an Lebensqualität und die Rückbildung vielfältiger Krankheitssymptomatiken. Aber lesen Sie selbst!

An dieser Stelle ein herzliches Dankeschön an alle, die mitgemacht haben. Nur einen Teil der Fragebögen können wir hier beispielhaft und in Auszügen veröffentlichen, wir bitten um Verständnis. Auswahlkriterien waren übrigens zuallererst nicht der höchste Gewichtsverlust oder die beste Bewertung, sondern die Bereitschaft, mit Bild und Originalaussage veröffentlicht zu werden. Ihre ehrlichen Erfolge werden hoffentlich viele andere beflügeln!

Alter: 55 Jahre
Geschlecht: weiblich
Startgewicht: 98 kg

Gewichtsverlust: 16 kg
Ernährungsumstellung: seit ca. 8 Monaten

Haben sich Ihre Beschwerden in dieser Zeit verbessert?

Beschwerden	1	2	3	4	5	6	7	8	9	10
Bluthochdruck										X
Schlafstörungen								X		
Sodbrennen								X		
Übergewicht										X
Gelenkschmerzen							X			
Muskelschmerzen							X			

1 = nicht gebessert bis 10 = gebessert

Welche Veränderungen haben Sie festgestellt?

„Ich fühlte mich nicht mehr wohl in meiner Haut und mit meinem Gewicht. Ich habe von November 2017 bis jetzt bei einem Anfangsgewicht von 97,7 kg gut 16 kg abgenommen. Als ich das Buch zum ersten Mal in der Hand hatte, habe ich gedacht: Drei Wochen ohne Zucker und Kohlenhydrate, das halte ich nicht durch. Aber ich war eisern und konsequent und habe durchgehalten. Ich hatte Phasen, in denen der Zuckerentzug schon sehr heftig war, aber mittlerweile ist mir vieles zu süß und ich freue mich richtig auf die Rezepte von Doc Fleck."

Alter: 63 Jahre
Geschlecht: männlich
Startgewicht: 115,5 kg

Gewichtsverlust: 17 kg
Ernährungsumstellung: seit ca. 7 Monaten

Haben sich Ihre Beschwerden in dieser Zeit verbessert?

Beschwerden	1	2	3	4	5	6	7	8	9	10
Übergewicht										X
Bluthochdruck									X	
Arthrose							X			
Schlafstörungen			X							

1 = nicht gebessert bis 10 = gebessert

Welche Veränderungen haben Sie festgestellt?

„Meine Frau hat Diabetes Typ 2 und ist auf die Doc Fleck Methode gekommen. Was eigentlich als Unterstützung für meine Frau gedacht war, hat sich auch für mich als gut und richtig erwiesen. Mein extremes Übergewicht (bei 165 cm Größe 115,5 kg) hat sich schon auf 97,5 kg reduziert. Meine Beweglichkeit hat sich erheblich gesteigert. Die Gelenkschmerzen in Schultern und Knien sind stark reduziert. Auch mein Blutdruck hat sich gesenkt (Eigenmessung 120/74). Ich bin dafür sehr dankbar und hoch motiviert, dabeizubleiben. Ich bin der Meinung, dass jede Verbesserung der Essgewohnheiten wichtig ist und zur Verbesserung der Lebensqualität beiträgt. Es steigert den Genuss und den Spaß am Essen. Man macht viele neue Erfahrungen. Es gibt immer mal Tage, an denen man von der Doc Fleck Methode abweicht, wichtig ist meiner Meinung nach, dass man kein schlechtes Gewissen hat und immer in die Spur zurückkehrt."

Alter: 60 Jahre
Geschlecht: weiblich
Startgewicht: 108 kg

Gewichtsverlust: 10 kg
Ernährungsumstellung: seit ca. 7 Monaten

Haben sich Ihre Beschwerden in dieser Zeit verbessert?

Beschwerden	1	2	3	4	5	6	7	8	9	10
Bluthochdruck								X		
Übergewicht								X		

1 = nicht gebessert bis 10 = gebessert

Welche Veränderungen haben Sie festgestellt?

„Vor 30 Jahren – damals noch normalgewichtig – wurde bei mir erstmals eine Fettleber festgestellt und ich bin als Privatpatientin von diversen Spezialisten untersucht worden. Immer wieder habe ich nach Möglichkeiten gesucht und gefragt, etwas zur Verbesserung zu tun – aber leider keine Antworten auf meine Fragen und erst recht keine Anleitung bezüglich der Ernährung bekommen (bis auf darauf, auf Alkohol zu verzichten). Erst durch das Buch ‚SCHLANK!' habe ich wirklich das Gefühl, etwas in der Hand zu haben, das ich tun kann. Danke! Seit Jahren weiß ich als Typ-2-Diabetikerin, wie wichtig Abnehmen für mich ist. Alle meine Versuche waren aber leider langfristig nicht von Erfolg gekrönt. Im NDR habe ich die Ernährungs-Docs gesehen – ich fand alles sehr spannend und mich faszinierte, wie man den Menschen ansehen konnte, wie es ihnen nach der Ernährungsumstellung besser ging. (...) Es war absolut folgerichtig, dass ich das Buch ‚SCHLANK!' kaufen und lesen musste. Endlich eine Orientierung, die stimmig ist. Auch die gewisse Radikalität und das Dadurch-gezwungen-Sein, neue Erfahrungen zu machen, haben sich schnell positiv ausgewirkt. Außerdem gab es für einen Menschen wie mich, der alles hinterfragt, nun endlich mal genug verständliche Antworten."

Alter: 51 Jahre
Geschlecht: weiblich
Startgewicht: 58 kg

Ernährungsumstellung: seit ca. 13 Monaten

Haben sich Ihre Beschwerden in dieser Zeit verbessert?

Beschwerden	1	2	3	4	5	6	7	8	9	10
Morgensteifigkeit										X
Schmerzen										X
Geringe Belastbarkeit										X
Müdigkeit										X
Migräneanfälle										X
Infektanfälligkeit										X

1 = nicht gebessert bis 10 = gebessert

Welche Veränderungen haben Sie festgestellt?

„Anfangs ist es uns natürlich auch schwergefallen, insbesondere auf Zucker zu verzichten, weil sich da im Laufe der Jahre natürlich eine Sucht aufgebaut hatte, der man sich erst mal entziehen musste. Aber nachdem das überwunden war, wurde es leichter. (...) Wir ernähren uns nun seit fast 13 Monaten nach der Doc Fleck Methode und meine Schmerzen und die Morgensteifigkeit haben sich so weit gebessert, dass ich das Kortison gerade ausschleiche und die Schmerzmittel komplett streichen konnte. Das ist ein grandioser Erfolg, den ich mir nicht zu erträumen wagte. Aber man muss auch Geduld haben und sich die Zeit geben, etwas zu verändern. Meine rheumatoide Arthritis steht nun nicht mehr im Vordergrund und die Lebensqualität ist deutlich gestiegen."

Alter: 51 Jahre
Geschlecht: männlich
Startgewicht: 104 kg

Gewichtsverlust: 22 kg
Ernährungsumstellung: seit ca. 13 Monaten

Haben sich Ihre Beschwerden in dieser Zeit verbessert?

Beschwerden	1	2	3	4	5	6	7	8	9	10
Fettleber									X	
Erhöhtes Cholesterin							X			
Blutdruck/Puls									X	
Müdigkeit									X	
Geringe Leistungsfähigkeit									X	

1 = nicht gebessert bis 10 = gebessert

Welche Veränderungen haben Sie festgestellt?

„Über die Ernährungs-Docs im NDR sind wir auf die bewusste Ernährung und deren Möglichkeiten aufmerksam geworden. Nach einigen Recherchen und Informationen hierzu haben wir uns unseren Weg formuliert und vorgenommen. Das hieß zuerst: Zuckerentzug!!! Wir waren auf einem viel zu hohen Level und im Teufelskreis, was in meinem Fall Insulin und Heißhungerattacken hieß. Bei meiner Frau war das durch die Rheumaerkrankung nicht minder schlecht. Unser Vorsatz war, nicht nur mal eine Diät zu machen, sondern ganzheitlich an die Sache heranzugehen – und das dauerhaft. Es sollte keinen Weg zurück geben. Wichtigster Ansatz: Es sollte schmecken. Denn wenn das neue Essen nicht schmeckt, will man das alte zurück. Zweiter Ansatz: Psyche und Essen dürfen nicht gekoppelt sein. Essen als Belohnung, Trost oder Stressbewältigung muss aufhören."

Alter: 50 Jahre
Geschlecht: männlich
Startgewicht: 78 kg

Gewichtsverlust: 3 kg
Ernährungsumstellung: seit ca. 27 Monaten

Haben sich Ihre Beschwerden in dieser Zeit verbessert?

Beschwerden	1	2	3	4	5	6	7	8	9	10
Oberbauchschmerzen									X	
Rückenschmerzen								X		
Durchfall							X			
Sodbrennen									X	
Erschöpfung								X		

1 = nicht gebessert bis 10 = gebessert

Welche Veränderungen haben Sie festgestellt?

„Leider haben heimische Ärzte und Ernährungsberater alle unterschiedliche Ernährungsumstellungen empfohlen. Daher habe ich mich über die Ernährungs-Docs an Doc Fleck gewandt. Immer wieder Bauchschmerzen, die Angst vor einer Darm-OP und der schnelle positive Effekt haben mich bewogen durchzuhalten. Natürlich lasse ich auch hin und wieder die Sau raus und sündige. Aber nur kurz! Tipp: Die Familie muss mitmachen, sonst bringt es nichts! Entsprechendes Kochbuch nutzen, da ansonsten der Einkauf kompliziert wird!“

Alter: 39 Jahre
Geschlecht: weiblich
Startgewicht: 83 kg

Gewichtsverlust: 13 kg
Ernährungsumstellung: seit ca. 7 Monaten

Haben sich Ihre Beschwerden in dieser Zeit verbessert?

Beschwerden	1	2	3	4	5	6	7	8	9	10
Verdauungsstörungen										X
Arthrose									X	
Gelenkschmerzen									X	
Muskelschmerzen									X	
Kopfschmerzen									X	
Übergewicht										X
Schlafstörungen								X		
Morgensteifigkeit										X

1 = nicht gebessert bis 10 = gebessert

Welche Veränderungen haben Sie festgestellt?

„Ich wollte endlich schmerzfrei sein, keine Blähungen mehr haben und an Lebenslust und Lebensqualität gewinnen. Es war am Anfang alles etwas ungewohnt, so ganz ohne Brot, doch ich konnte sehr schnell feststellen, dass ich noch nie so satt war. Ich habe nie viel Süßes gegessen, aber immer viel hier und da gesnackt. (...) Nun sind sechs Monate ‚SCHLANK!' bereits vorbei, ich weiß gar nicht, warum ich so lange mit Schmerzen leben musste. Das Leben ist so schön und voller Kraft. Ich mache jeden Morgen ein 7-Minuten-Workout, gehe zweimal die Woche joggen und habe keine Schwellungen und Schmerzen danach."

Alter: 39 Jahre
Geschlecht: weiblich
Startgewicht: 83 kg

Gewichtsverlust: 10 kg
Ernährungsumstellung: seit ca. 9 Monaten

Haben sich Ihre Beschwerden in dieser Zeit verbessert?

Beschwerden	1	2	3	4	5	6	7	8	9	10
Bauchschmerzen									X	
Verdauungsstörungen									X	
Kopfschmerzen										X
Gelenkschmerzen									X	
Übergewicht									X	
Depression										X
Schlafstörungen									X	

1 = nicht gebessert bis 10 = gebessert

Welche Veränderungen haben Sie festgestellt?

„Ich habe meinen Weg gefunden! 10 kg weniger zeigt die Waage, das macht mich so stolz und glücklich! Ich habe keine Schmerzen mehr, weder im Bauch noch im Rücken oder in den Füßen. Ich stehe morgens leichtfüßig und ausgeschlafen auf. (...) Früher wollte ich immer zu schnell zu viel abnehmen, jetzt habe ich MEIN Tempo. Und auch wenn es mal hakt oder auf und ab geht, habe ich das Vertrauen, dass der Weg richtig ist und mein Körper eben ab und zu Pausen braucht, um das giftige Fett abzubauen.“

Alter: 58 Jahre
Geschlecht: weiblich
Startgewicht: 130 kg

Gewichtsverlust: 10 kg
Ernährungsumstellung: seit ca. 7 Monaten

Haben sich Ihre Beschwerden in dieser Zeit verbessert?

Beschwerden	1	2	3	4	5	6	7	8	9	10
Diabetes Typ 2										X
Übergewicht									X	

1 = nicht gebessert bis 10 = gebessert

Welche Veränderungen haben Sie festgestellt?

„Schwergefallen ist mir die Ernährungsumstellung nicht. Im Gegenteil: Letztes Wochenende haben wir seit Februar 2018 mal wieder Brötchen zum Frühstück geholt, anlässlich meines Geburtstags wollten wir Brötchen essen. Es hat überhaupt nicht geschmeckt. Reumütig sind wir zum Doc Fleck Frühstück zurückgekehrt. Es schmeckt einfach und macht satt. Jeden Tag kann man es anders gestalten, sodass es keine Langeweile beim Frühstück gibt."

Alter: 36 Jahre
Geschlecht: weiblich
Startgewicht: 65 kg

Gewichtsverlust: 8 kg
Ernährungsumstellung: seit ca. 8 Monaten

Haben sich Ihre Beschwerden in dieser Zeit verbessert?

Beschwerden	1	2	3	4	5	6	7	8	9	10
Gelenkschmerzen									X	
Muskelschmerzen									X	
Schlafstörungen										X
Verdauungsbeschwerden									X	
Sodbrennen									X	
Fettleber										X

1 = nicht gebessert bis 10 = gebessert

Welche Veränderungen haben Sie festgestellt?

„Im September 2016 bin ich mit 34 an Brustkrebs erkrankt. (...) Im November 2017 (...) startete ich direkt mit Phase 1 und bin seitdem auch vorwiegend bei dieser geblieben. Durch die Antihormontherapie und die damit verbundenen Wechseljahre von 0 auf 100 Prozent litt ich neben der leichten Fettleber unter starken Hitzewallungen und belastenden Knochen-, Muskel- und Gelenkschmerzen. Zusätzlich konnte ich schlecht schlafen und war matt. Nach wenigen Tagen verbesserte sich nicht nur meine Verdauung, sondern auch meine Schmerzen in den Gelenken, Knochen und Muskeln verschwanden und sind heute komplett weg. Fühlte ich mich anfangs noch wie eine alte Frau, habe ich nun das Bewegungsgefühl wie vor meiner schweren Krankheit zurück. Auch meine Hitzewallungen sind weniger geworden. Meine Fettleber ist verschwunden und mein Onkologe lobt mich jedes Mal für meine vorbildlichen Blutwerte."

Alter: 55 Jahre
Geschlecht: weiblich
Startgewicht: 122 kg

Gewichtsverlust: 36 kg
Ernährungsumstellung: seit ca. 7 Monaten

Haben sich Ihre Beschwerden in dieser Zeit verbessert?

Beschwerden	1	2	3	4	5	6	7	8	9	10
Arthrose							X			
Schmerzen							X			
Eingeschränkte Beweglichkeit								X		
Diabetes										X
Bluthochdruck							X			
Blutwerte									X	
Geringes Selbstwertgefühl								X		
Stimmungsschwankungen								X		

1 = nicht gebessert bis 10 = gebessert

Welche Veränderungen haben Sie festgestellt?

„Essen hat über 40 Jahre mein Leben bestimmt. Ich hatte meinen Mund zum Fressen und nicht zum Reden. Nun mit Mitte 50 rede ich mehr und viel über das Essen. Dank Doc Fleck hat es klick gemacht und ich bin ein neuer Mensch. Gesund und glücklich! So sollte das Buch heißen. Schlank ist der positive Nebeneffekt. Das Buch hat bei mir Körper, Geist und Seele umprogrammiert. Kein Jo-Jo-Effekt! Vom Vielfraß rund um die Uhr zum 16/8-Intervallfasten. Vom ersten Frühstück um 9 mit viel Brot/Brötchen zum 12-Uhr-Spätstück mit dem Super-Doc-Fleck-Quark inklusive Öl, Gewürzen, Inulin und Körnern. Okay, das war sehr gewöhnungsbedürftig, aber heute ohne die gesunden Zutaten undenkbar."

Alter: 56 Jahre
Geschlecht: weiblich
Startgewicht: 92 kg

Gewichtsverlust: 8 kg
Ernährungsumstellung: seit ca. 4 Monaten

Haben sich Ihre Beschwerden in dieser Zeit verbessert?

Beschwerden	1	2	3	4	5	6	7	8	9	10
Heißhungerattacken									X	
Gelenkschmerzen									X	
Muskelschmerzen								X		
Übergewicht									X	
Spannungskopfschmerz									X	
Nackenverspannungen							X			
Blähungen										X
Dicker Oberbauch										X
Aufstoßen/Sodbrennen										X
Negative Lebenseinstellung										X

1 = nicht gebessert bis 10 = gebessert

Welche Veränderungen haben Sie festgestellt?

„Die komplette Einstellung zum Leben ist viel positiver, leichter und gelassener. Ich bin absolut glücklich darüber, dass der Tagesablauf nicht mehr durch Heißhungerattacken bestimmt wird. Der ganze Tag kreiste nur ums Essen. Ich hatte mich vorher fettarm ernährt. Light-Produkte gehörten zu meiner täglichen Ernährung. Jetzt gute Öle und Lebensmittel mit einem normalen Fettgehalt zu mir zu nehmen, ist mittlerweile eine Offenbarung und macht so viel Freude, dass ich das kaum in Worte fassen kann. Ich bin satt und zufrieden. Vorher hatte ich mich jahrelang dick gehungert.“

Alter: 55 Jahre
Geschlecht: weiblich
Startgewicht: 66 kg

Gewichtsverlust: 5,5 kg
Ernährungsumstellung: seit ca. 13 Monaten

Haben sich Ihre Beschwerden in dieser Zeit verbessert?

Beschwerden	1	2	3	4	5	6	7	8	9	10
Schlafstörungen									X	
Kopfschmerzen										X
Verdauungsbeschwerden									X	
Allgemeinbefinden										X

1 = nicht gebessert bis 10 = gebessert

Welche Veränderungen haben Sie festgestellt?

„Ich war nie wirklich dick, in den letzten Jahren litt ich jedoch unter meinem sogenannten Schwimmring, der sich durch Süßigkeiten, Alkohol etc. ergeben hat. Trotz regelmäßigem Sport und Bewegung habe ich es nicht geschafft, diese Speckrolle am Bauch wegzubekommen. (...) Nachdem ich die Doc Fleck Methode besonders in den ersten drei Monaten konsequent angewandt habe, die Ernährung umgestellt und Süßigkeiten und Alkohol komplett gestrichen habe, konnte ich super Erfolge verbuchen. Mein Gewicht hat sich inzwischen (nach jetzt fünf Monaten) auf 60,5 kg reduziert, der Taillenumfang um ganze 12 cm! Damit hätte ich nie gerechnet!“

Wenig Zeit ist keine Ausrede

Um schlank zu sein, bedarf es wenig Zeit. Nur der Gesunde ist ein König. Essen kann dick und krank machen. Im Umkehrschluss kann anders zu essen schlank und gesund machen. Gesunde Ernährung wird gern als zeitschluckende, genussfremde Mühsal abgebügelt. Einspruch! Denn ob wir bewusster und damit gesünder essen, ist nicht allein eine Frage von einzelnen Nahrungsmitteln, es geht auch immer um die Art und Weise, wie wir unsere Lebensmittel zu uns nehmen. Unsere Gesundheit hängt eben nicht von zeitfressenden Einkäufen oder ewig langem Rumwirbeln in der Küche ab.

Eine clevere Auswahl der Lebensmittel und die Komposition der Mahlzeiten nach dem neuesten Stand der Forschung entscheiden. Einfache, ehrliche, unverfälschte Lebensmittel, die nicht lange Zeiten totgekocht werden, sind die elementaren Bausteine, das Fundament des gesunden Schlankseins. Viele Menschen verzetteln sich aber allein bei der Frage „Was esse ich?“ und glauben, gesundes Essen hängt nur von aufwendigen Zeitfresser-Mahlzeiten ab, die noch mit reichlich exotischen Superfoods aufgebrezelt werden müssen. Erneut: Einspruch! Wer das gute Kauen, das „Wie esse ich?“, und das „Wann esse ich?“, den individuell passenden Zeitpunkt der Nahrungsaufnahme, mehr beherzigt, der hat ohne besondere Mühe in der Küche viel für seine Gesundheit getan.

Es braucht definitiv keine endlosen, von Hektik und seltsamem Ehrgeiz zerfressenen Kochevents im eigenen Haushalt, um gesund schlank zu werden. Wenn einem nach einem anstrengenden und sehr langen Arbeitstag abends die Zunge aus dem Hals hängt – ich kenne dieses Gefühl nur allzu gut –, freut man sich, wenn es auch mal schnell und gesund geht. Und, ja, man kann auch mit wenigen Zutaten und wenig Zeit sehr gesunde Mahlzeiten zaubern, die den Körper optimal mit Nährstoffen versorgen und nebenbei richtig fein schmecken.

Dieses Buch ist für Sie alle! Aber besonders ist es den tapferen Alltagshelden gewidmet, die für jede Sekunde dankbar sind, die die Hektik etwas entschleunigt.

Mein Rat: Planen Sie Ihre Mahlzeiten im Voraus und wählen Sie vor allem für lange Arbeitstage sehr einfache Rezepte aus.

Die Rezepte in diesem neuen „SCHLANK!"-Buch sind deshalb so entwickelt, dass schnelle, wohlschmeckende Gesundküche kein Hexenzauber mehr ist. So freue ich mich, wenn dieses Buch auch Ihre Neugier und Freude kitzelt und Ihnen die Tür zum gesunden Schlanksein mühelos und ohne Zeitdruck öffnet.

Alles im Leben ist eine Entscheidung. Sich für die Gesundheit zu entscheiden, liegt mehr, als wir denken, in unseren eigenen Händen. Gewiss, nicht alles liegt in unserer Hand. Aber viel Gesundheit beginnt im Herzen, Kopf und Kochtopf.

Ich freue mich, wenn Sie mit meiner ganzheitlichen Methode auf einfache Art und Weise mehr für Ihre Gesundheit und Lebensqualität tun und auch Ihre Mitmenschen davon begeistern.

Die Entscheidung aufzubrechen, etwas im Leben zu ändern, kostet Sie eine Sekunde Ihres Lebens. Nutzen Sie sie!

In Details und Begleitthemen geht dieses Buch weniger in die Tiefe als das Buch „SCHLANK! und gesund mit der Doc Fleck Methode". Dieses Buch ist sozusagen auch schlank. Aus gutem Grund: Ihre Zeit. Deshalb sind die praktischen Anleitungen auf die notwendige Länge begrenzt. Starten Sie durch!

Der Faktor Bewegung

Gehören Sie zu den Menschen, die sich in einem Fitnessstudio anmelden und nicht hingehen? Oder zu den Menschen, die sich mit hohem Anspruch beim Sport schinden, sich aber trotzdem wie ein moppeliges Michelin-Männchen fühlen? Für ein gesundes Schlankziel ist vor allem eine Ernährungsumstellung entscheidend. Wenn Sie also frustriert sind, dass Sie sich schlecht zur Bewegung aufraffen können oder Sie trotz Sport zu viel auf den Hüften oder versteckte Fettdepots haben, bleiben Sie entspannt: Auch Ihnen wird „SCHLANK!" helfen. Vermutlich gehören Sie aber eher zu der großen Gruppe Menschen, die sich gerade so viel bewegen, wie es unvermeidlich ist, und eine Alibi-Sporteinheit pro Woche für ausreichend erachten.

„Sitzen ist das neue Rauchen". Klingt lustig, ist es aber nicht. Dahinter stecken Hunderttausende, die täglich – vor sich hin sitzend – ganz langsam und unmerklich Krankheiten ausbrüten. Wir alle sitzen im gleichen Boot, bewegen uns im Schnitt nur läppische 400 Meter pro Tag. Die empfohlene Schrittmenge pro Tag sind 10.000 Schritte, stolze 6 bis 7 Kilometer Strecke, je nach Beinlänge. Wir leisten also in der einfachsten Gesundheitsdisziplin „Gehen" gerade mal ein paar Prozent dessen, was aus gesundheitlicher Sicht angemessen wäre.

Dabei tut ein bisschen mehr Bewegung uns allen so gut. Sie ist der beste Weg, Ihre Verbrennung zu aktivieren, wertvolle Muskelmasse aufzubauen oder zu erhalten, den Grundumsatz zu verbessern, Glückshormone zu aktivieren und vielfältige Krankheitsrisiken zu minimieren.

Was halten Sie etwa von der Anschaffung einer Pulsuhr? Ich habe viele Patienten erlebt, die ihre Gewohnheiten überdacht haben, als sie täglich ihre eigenen Messwerte am Handgelenk präsentiert bekamen. Eine solche Pulsuhr oder ein Gesundheitstracker ist eine gute Kontrolle und noch bessere Motivation. Ermitteln Sie damit täglich Ihre Bewegung und beginnen Sie damit, moderat die Tagesziele zu steigern. Kontinuierlich, jede Woche. Nutzen Sie bald jede Möglichkeit, etwas mehr Strecke zu machen. Nutzen Sie jede Treppe, die sich Ihnen bietet und die Sie bezwingen können, auch wenn Sie für die letzten drei Stockwerke noch den Aufzug nehmen müssen. Parken Sie Ihr Auto weiter weg vom Büro, erledigen Sie möglichst viel per Rad oder zu Fuß. Werden Sie kreativ dabei, Dinge anders als immer im alten Rhythmus „Hauptsache, bequem!" zu erledigen.

Sie müssen sich nicht gleich ruinieren und einen hohen Monatsbeitrag im Fitnesscenter bezahlen, nur um effektiv in Bewegung zu kommen. Arbeiten Sie zum Beispiel mit Ihrem eigenen Körpergewicht zu Hause. Machen Sie Kniebeugen, Liegestütze, Klimmzüge, Dips und Crunches, anfangs mit wenig Wiederholungen, dann kontinuierlich mehr. Der schöne Nebeneffekt ist: Muskeln, wenn sie einmal da sind, verbrennen mehr Kalorien als Fett, auch wenn man sie nachts nicht benutzt. Mehr Muskeln heißt mehr Grundumsatz; das hilft dabei, langfristig das Gewicht zu halten oder abzunehmen.

Kein Spaß an Bewegung, Übergewicht und TOFI-Dasein hängen eng zusammen. Mit jedem Kilo Fett, das durch „SCHLANK!“ von Ihren Hüften schmilzt, und mit Ihrem neuen Energielevel durch die Ernährungsumstellung wird Ihnen auch die Bewegung mehr Spaß machen. Die Kombination aus weniger Gewicht, mehr Bewegung sowie größerer körperlicher und seelischer Belastungstoleranz schafft Motivation, Lebensfreude und einen bis dato nicht gekannten Willen zur Veränderung. Deshalb: keine Ausreden! Bewegung geht immer. Zu müde? Zu schlapp? Zu spät? Zu dick? Zu alt? Egal, einfach machen, und wenn es nur ein paar Kniebeugen beim Zähneputzen sind – danach fühlen Sie sich besser. Erfahrungen zeigen, dass größere Gewichtsverluste besonders dann erfolgreich dauerhaft gehalten werden, wenn die Menschen in der Zeit des Abnehmens einen Ausdauersport für sich entdeckt und in ihren Alltag integriert haben. Suchen Sie sich eine Art der Bewegung, die Ihnen Freude macht: Walken, Joggen, Schwimmen, Radfahren, Volleyball, mit dem Hund spazieren gehen.

Ich verordne Ihnen hiermit ab heute jeden Tag eine Extraportion an Bewegung für Ihren Alltag. Als Startimpuls für immer mehr Bewegung. Minimum ist zunächst der tägliche Spaziergang am Morgen oder Abend. Nehmen Sie diese Verordnung als verbindliche Vereinbarung ernst.

So kommen Sie zu mehr Bewegung

- Bequemlichkeit hat Sie schwach und wenig ausdauernd gemacht. Fangen Sie an, sich auf alles zu freuen, was Anstrengung verspricht.
- Sie bekommen ein Glas nicht auf? Noch mal versuchen! Der Kasten Wasser ist zu schwer? Hälfte der Flaschen raus, dann von vorn und langsam steigern. Benutzen Sie Ihre Muskeln und fordern Sie diese. So wirken Sie Muskelabbau wirksam entgegen.
- Gartenarbeit, Putzen, Aufräumen, Fegen: alles Tätigkeiten, die genauso effektiv sind wie leichtes Training. Gönnen Sie sich eine Extraschicht!
- Wann waren Sie das letzte Mal auf einem Kirchturm, rudern, wandern, golfen, Tischtennis spielen? Sie werden staunen, wie schnell Sie besser werden.
- Suchen Sie sich Ihren Best Buddy, der wie Sie mehr Bewegung sucht. Wer niemanden kennt, dem seien Vereine, Clubs, Volkshochschulen, Sportgruppen empfohlen.

Phase 1

Raus aus der Zuckersucht!

Nur wenige Tage braucht Ihr Körper nach der Ernährungsumstellung in Phase 1, um erste deutliche Signale einer nachlassenden Abhängigkeit von der Kohlenhydrat- und Zuckerzufuhr zu spüren. Dann bereits gehen die Heißhungerattacken, getriggert vom Insulinausstoß nach der Aufnahme schnell resorbierbarer Kohlenhydrate, wieder zurück auf ein gesundes Niveau. Schnell zeigt sich, dass es gar nicht der schwache Wille des einzelnen Übergewichtigen oder TOFIs war, sondern eine unterschätzte Abhängigkeit von jahrelang falschen Essgewohnheiten. Die gute Nachricht: Der Entzug von der Droge „kohlenhydratdichte Nahrungsmittel und Zucker" kann mit den fein schmeckenden und einfachen Rezepten in diesem Buch sehr lustvoll gestaltet werden.

Ab jetzt wird der Stoffwechsel aktiviert, chronische Entzündungen werden gezähmt und das Darmmilieu auf schlank gedüngt, indem die Fraktion der guten, schlank machenden Darmbakterien gestärkt wird.

Bleiben Sie dran! Essen Sie möglichst nur, was Ihnen meine Methode empfiehlt, das ebnet die größten Chancen auf einen nachhaltigen Erfolg. Nutzen Sie die Rezepte und genehmigen Sie sich, falls Sie zum ersten Mal den Kohlenhydratentzug erleben, in den nächsten 21 Tagen keine Ausnahme. Kein Schokolädchen, kein kleines Glas Wein und auch nicht nur mal ein paar Pommes und ein kleines Eis, sonst werden Sie wieder um Tage zurückgeworfen. Aber keine Sorge: Bereits nach durchschnittlich zwei bis sechs Tagen werden Sie spüren, wie viel besser es Ihnen geht und dass Ihre Leistungsreserven, Ihre Konzentration merklich steigen. Gleichzeitig beginnt der Körper mit dem Abbau von entzündlich veränderten oder massiven Fettdepots. Aus diesen setzt er jetzt äußerst effizient Energie frei.

Sie werden nach und nach leistungsfähiger, können sich besser konzentrieren und sind immer seltener tagsüber müde. Auch stille Entzündungen bilden sich zurück, Ihre guten Darmbakterien kommen aus dem faden Ghetto heraus und vermehren sich. Auf diese Weise wird Ihr Darm mit der Zeit auf gesund und schlank getrimmt.

Doch nicht nur Essen ist wichtig. Vergessen Sie nie die Wichtigkeit des regelmäßigen, schluckweisen Trinkens über den Tag verteilt. Morgens beginnen Sie mit zwei großen Gläsern Wasser auf nüchternen Magen. Den Rest des Tages versorgen Sie Ihren Körper mit Wasser und ungesüßten Tees. Bis zu drei Tassen schwarzer Kaffee pro Tag,

www.mengenrechner.de

So geht's ganz einfach: Berechnen Sie unter dem Button „Kalorien-Bedarf" zunächst Ihren Tagesbedarf so genau wie möglich und speichern Sie das Ergebnis unter einem von Ihnen gewählten Namen ab. Gehen Sie danach auf „Mein Bereich >> Meine Kochbücher", Buchauswahl, und aktivieren Sie das Buch „SCHLANK! für Berufstätige". Markieren Sie ein gewünschtes Rezept oder mehrere gewünschte Rezepte und gehen Sie auf „Weiter zu Einkaufsliste erstellen". Wählen Sie im nächsten Fenster „Einkaufsliste individuell anpassen" und das Datum des Tages, an dem Sie das Gericht essen wollen. So ist sichergestellt, dass Alter, Körpergröße, Tätigkeiten, Sport etc. individuell berücksichtigt werden. Die Zutatenmengen werden für Ihre Einkaufsliste automatisch neu berechnet und die ausgewählten Gerichte tageweise addiert. Die nun entstandene Einkaufsliste, die Sie jederzeit anpassen können, schicken Sie per E-Mail an sich selbst.

am besten frisch gefiltert, sind ebenfalls wegen des Ballaststoffgehalts empfehlenswert. Deutlich mehr Kaffee ist nicht ratsam, da er eine Insulinresistenz fördert. Insgesamt empfiehlt sich eine individuelle Trinkmenge von 30 ml pro Kilogramm Körpergewicht pro Tag.

Essen Sie bewusst, kauen Sie lange, langsam und gründlich. Hören Sie auf zu essen, wenn Sie merken, dass Sie bereits satt sind.

Auch wenn es bei der Ernährung nach der Doc Fleck Methode vor allem um eine ausgewogene Lebensmittelauswahl mit vielen gesunden Magenfüllern aus ballaststoffreichem Gemüse, Salat, moderaten Mengen Eiweiß, reichlich gesunden Fetten und deutlicher Reduktion von Kohlenhydraten geht, sollten Sie sich an die altbewährte Regel „Weniger ist mehr!" halten. Essen Sie nur so viel, bis Sie zu etwa 80 Prozent gesättigt sind, und machen Sie sich gerade zu Beginn Ihren Kalorienbedarf einmal kurz bewusst. Es geht hier nicht um rigides, sklavisches Kalorienzählen, aber um eine solide Einschätzung – vor allem der Kohlenhydrate!

Ihren Kalorienbedarf können Sie ganz einfach auf der kostenlosen Website des Verlags **www.mengenrechner.de** berechnen.

Achten Sie auf die tägliche Zufuhr der Kohlenhydrate! Diese sollten wie in den Rezepten dieses Buches qualitativ gute, das heißt langsam verdauliche Kohlenhydrate sein, die den Blutzucker nicht so schnell nach oben peitschen wie die raffinierten, schnell verdaulichen Zeitgenossen. Überschreiten Sie in Phase 1 nicht die Menge von 50 g Kohlenhydraten pro Tag. In den ersten acht Tagen wären sogar nur 30 g Kohlenhydrate optimal. Durch die Bewegung, die Sie jetzt täglich haben, können Sie aber auch 50 g Kohlenhydrate zu sich nehmen.

Ab Phase 2 sind täglich etwa 80 g Kohlenhydrate erlaubt. Auch diesen gewünschten Kohlenhydratwert können Sie auf der Website einstellen.

Wie viel Sie an Gewicht verlieren, hängt von verschiedenen Faktoren ab: Alter, Ausgangsgewicht, Allgemeinzustand, Kalorienbedarf, Menge der Mahlzeiten, Zusammensetzung der Darmbakterien, Bewegung und vieles mehr. Und Sie wissen, es geht in „SCHLANK!" nicht um das Gewicht allein, es geht um Ihren Aufbruch in Richtung Gesundheit.

21 Tage oder individuell auch länger

Wenn Sie mehr als ein paar Kilo auf den Hüften oder in Ihrem Inneren loswerden wollen, können Sie Phase 1 problemlos länger ausdehnen, sogar bis Sie Ihr Idealgewicht erreicht haben. Die positiven Veränderungen des Körpers und der zügige Gewichtsverlust werden Sie anfeuern. Die Rezepte sind im Ganzen so ausgeklügelt, dass sie antientzündlich und darmgesund wirken.

Wenn Sie kein Gewicht verlieren, sondern Ihren Körper allein auf gesund umprogrammieren wollen, sollten Sie die Phase 1 nach 21 Tagen ausklingen lassen. In diesem Fall können Sie in Phase 1 bei den Portionen etwas mehr zulangen.

Die Erfahrungsberichte von Lesern, die Sie auszugsweise im Buch finden, zeigen Gewichtsverluste von bis zu 36 Kilo in sechs Monaten, gleichzeitig hat sich die Gesundheit signifikant gebessert.

Solche massiven Gewichtsverluste sind allerdings nur bei hohem Startgewicht möglich. Bei moderatem und auch bei starkem Übergewicht ist monatlich aus ernährungswissenschaftlicher Sicht schon ein Gewichtsverlust von 0,5 bis 1 kg als Erfolg zu werten.

Haben Sie Geduld und Vertrauen!

Was geschieht im Körper?

Der Körper ist auf die Zufuhr von Eiweiß, Fetten, Salz, Wasser, Vitaminen, Mineralien und Spurenelementen angewiesen. Kohlenhydrate braucht er ebenfalls, zum Beispiel für die Energieversorgung und den Wärmehaushalt, aber er kann sie aus den in den Fettzellen eingeschlossenen Energiereserven selbst erzeugen.

Der Haken ist, dass unser Körper erst an diese eigenen Fettdepots rangeht, wenn er mehrere Tage mit Kohlenhydraten unterversorgt wird. Denn werden Kohlenhydrate über die Nahrung aufgenommen, wird über den Blutzuckerreiz Insulin freigesetzt, das die Fettzellen nur aufschließt, um fortlaufend Kalorien zu bunkern. Erst wenn der Insulinreiz länger ausbleibt, beruhigt sich die Fettzelle und setzt auch wieder Energie frei.

In der Evolution war es ein großer Vorteil, dass die eigenen Fettdepots erst nach einigen Tagen der Knappheit angezapft wurden. So blieb der Antrieb, Nahrung zu suchen, immer erhalten und gleichzeitig konnte der Mensch besser Phasen ohne Nahrung überstehen, weil die Depots nicht allzu leichtfertig geleert wurden.

In den ersten Tagen der gezielten Kohlenhydratabstinenz können im Einzelfall Entzugserscheinungen wie Kopfschmerzen, Gereiztheit, Durchfall, Konzentrationsmangel, Lethargie, Schwächegefühle vor allem beim Sport und bei stärkerer Belastung auftreten. Das sind Indizien für eine vorhandene Kohlenhydrat- beziehungsweise Zuckersucht: Ihrem Körper fehlt es am gewohnten Treibstoff aus Kohlenhydraten. Umso mehr lohnt sich jetzt das Durchhalten. Denn langsam werden sich Ihre Zellen von der Kohlenhydratmast entwöhnen.

Die meisten Menschen sind ganz oder bereits nach einem Tag beschwerdefrei. Der mögliche Heißhunger lässt schnell nach, spätestens nach dem dritten oder vierten Tag, wenn der Körper sich über die vermehrte Freisetzung von Energie aus den Fettdepots versorgt. Nach und nach kommen Sie plötzlich viel besser von Mahlzeit zu Mahlzeit, ohne ausgeprägten Hunger zu verspüren. Denn werden mehr Fette im Körper verbrannt, wirkt das wie ein hochwirksamer natürlicher Appetitzügler. Ihre Fettpölsterchen werden jetzt ihrer natürlichen Bestimmung zugeführt.

Phase 1: Was können Sie erwarten?

Allerlei Dinge geschehen, während sich Ihr Körper von der hartnäckigen Kohlenhydratgier, den entzündlichen Fettdepots und einem schlechten Darmmilieu befreit. Nutzen Sie diese motivierenden Effekte, um mit ungesunden Verhaltensmustern zu brechen!

Die ersten Pfunde und Müdigkeitssymptome schwinden etwa ab dem fünften Tag, bei manch einem auch früher. Ihre Vorlieben für Nahrungsmittel werden sich fast wie durch ein Wunder bereits nach einigen Tagen bedeutsam verändern. Deswegen fällt es schon nach wenigen Tag kaum jemandem noch schwer, auf Brot, Nudeln, Reis und andere Kohlenhydratbomben zu verzichten. Sogar der Verzicht auf Alkohol fällt Menschen, die sich das vorher kaum vorstellen konnten, deutlich leichter. Der Wunsch des Körpers nach schnell verfügbarer Energie funktioniert für Kohlenhydrate und Alkohol ähnlich. Beide Energieträger tragen deswegen leider auch die Tendenz in sich, dass man ganz allmählich die Dosis steigert, um ein Gefühl der Zufriedenheit zu erreichen. Sie werden sich wohler fühlen, auch ohne Kohlenhydratkick – oder vielmehr deshalb, weil Sie diesen Teufelskreis überwunden haben.

Im Darm beginnt sich eine für Sie günstigere Balance der Darmbakterien einzustellen. Die für Sie guten Darmbakterien, die weniger Kalorien aus der Nahrung holen, nehmen zu und werden von den vielen Ballaststoffen in den Rezepten verwöhnt und zum Wachsen stimuliert. Nebenbei wird Ihr Immunsystem „Darm" schonend renoviert.

Ihre Zellen als kleinste Einheit des Körpers werden während der Phase 1 durch die Aufnahme von hochwertigen Fetten und angepassten Mengen Eiweiß bestens versorgt, was die Regeneration und Reparaturprozesse anschiebt. Chronische Entzündungen werden durch antioxidantienreiches Gemüse, Salate, Gewürze und hochwertige Omega-3-Fettsäuren gedrosselt. Die Tagesmüdigkeit geht zurück. Die Heißhungerattacken sind vergessen. Ihre Süß-Geschmacksknospen beginnen, sich zu regenerieren. Und auch wenn Kohlenhydrate eigentlich den Schlaf verbessern, beschreiben fast alle Probanden einen besseren Schlaf, bedingt durch Verzicht auf Alkohol und schwerverdauliche Kost am Abend sowie mehr Bewegung.

Auch die Ausdauer steigt beträchtlich, weil der Körper nicht mehr in ein verzweifeltes Heißhungertal steuert, wenn die schnell verfügbaren Kohlenhydratreserven mal verbraucht sind. Ihr Stoffwechsel zieht jetzt direkt Energie aus den kleinen oder großen Rettungsringen beziehungsweise den Fettzellen, die sich heimlich, still und leise viszeral um die Organe ausgedehnt haben, aus den vorher durch die wiederholten Insulinreaktionen zugeriegelten Fettdepots. Die Reserven dieser Depots reichen bei den meisten Menschen mit starkem Übergewicht für Wochen und Monate. Durch Bewegung wird diese Fähigkeit des Körpers, Fett direkt aus den Pölsterchen zu saugen, zusätzlich trainiert. So schiebt der fettadaptierte Stoffwechsel den echten Heilungsprozess in den nächsten Wochen und Monaten an.

Entspannt unterwegs – ohne viele Kohlenhydrate

Auf Reisen, in Kantinen und bei Einladungen muss man keineswegs verzweifeln. Fast immer findet sich etwas Passendes. Bleiben Sie locker! Halten Sie zum Beispiel Ausschau nach Salat mit einfachem Essig-Öl-Dressing (ohne Fertigdressing) oder klaren Suppen mit Gemüse (keine Fertigprodukte). Greifen Sie zu bei Gemüse ohne gebundene Saucen und bei Fisch, Fleisch, Eiern, Pilzen oder Sojaprodukten. Sparen Sie sich das Dessert oder greifen zu einem kleinen Stück Obst, am besten zu Beeren und anderen weniger süßen Früchten.

Im Supermarkt, Reformhaus oder Bioladen bekommen Sie Tomaten, gekochte Eier, Oliven, Käse, Nüsse, Mandeln, Karottensticks, Räucherfisch, Hummus, ungesüßten Naturjoghurt und Ähnliches, womit man eine Mahlzeit basteln kann. Wer es liebt: Beim Metzger eignen sich ein paar Wiener, ein Bratwürstchen oder eine reine Rindfleischfrikadelle mit Senf. Greifen Sie, wenn möglich, bitte auf nachhaltige tierische Produkte von Weidetieren zu, die eine bessere Omega-3-Fettsäurebilanz haben.

Kohlenhydratarme Lebensmittel verwertbare Kohlenhydrate pro 100 g

Kohlenhydratarmes Gemüse	Angabe in g
Pilze (Champignon, Steinpilz etc.)	<1
Spinat	<1
Feldsalat	<1
Sauerkraut	<1
Chinakohl	1
Blattsalat (Eisbergsalat etc.)	<2
Rucola	2
Spargel	2
Radieschen	2,1
Zucchini	2,2
Staudensellerie	2,2
Chicorée	2,4
Rettich	2,4
Blumenkohl, Brokkoli	2,5
Aubergine	2,5
Gurke	2,5
Tomate	2,6
Artischocke	2,6
Fenchel	2,8
Paprikaschote	2,9
Frühlingszwiebel	3
Porree	3,3
Topinambur	4
Karotte	4,8

Kohlenhydratarme Fleisch- und Fischerzeugnisse	Angabe in g
Fischdauerwaren (geräuchert)	<1
Geflügel (Ente, Gans, Huhn etc.)	<1
Hammel- und Lammfleisch	<1
Rind- und Kalbfleisch	<1
Seefisch (z. B. Kabeljau, Rotbarsch, Seelachs, Steinbutt)	<1
Süßwasserfisch (z. B. Aal, Barsch, Forelle, Lachs, Zander)	<1
Wild (z. B. Hase, Hirsch, Reh)	<1
Wurst- und Fleischwaren (z. B. Geflügelwurst, Hackfleisch, Leberpastete, Kalbsbratwurst)	<1
Hühnerei	<1
Garnele, Hummer, Flusskrebs	<1

Kohlenhydratarme Käse und Milchprodukte	Angabe in g
Bergkäse (Ziegenmilch)	<1
Butterkäse	<1
Camembert	<1
Feta (40 % Fett)	<1
Gorgonzola	<1
Gouda	<1
Leerdamer	<1
Mozzarella (Kuhmilch, 45 % F. i. Tr.)	<1
Parmesan	<1
Ricotta	<1
Mozzarella (Büffelmilch, 52 % F. i. Tr.)	1
Hüttenkäse	<2
Frischkäse (Doppelrahm)	2,5
Speisequark (40 % Fett i. Tr.)	2,5
Schmand (24 % Fett)	3,1
Magerquark	3,2
Schlagsahne (30 % Fett)	3,5
Saure Sahne	3,5
Buttermilch	4
Kefir	4
Joghurt (Kuhmilch, 3,5 %)	4
Griechischer Joghurt	4
Sahne (Kaffeerahm, 10 % Fett)	4,1
Ziegenmilch	4,4
Mascarpone	4,5
Schafsmilch	4,5
Kuhmilch (3,5 % Fett)	4,7
Joghurt (Kuhmilch, 1,5 %)	5
Kuhmilch (1,5 % Fett)	5

Pflanzliche und tierische Öle und Fette (kohlenhydratfrei)	Angabe in g
Leinöl	0
Weizenkeimöl	0
Olivenöl	0
Kokosöl	0
Walnussöl	0
Sesamöl	0
Butterschmalz, Ghee	0
Butter	<1

Kohlenhydratarme Nüsse und Samen	Angabe in g
Leinsamen	0
Hanfsamen, ungeschält	2
Paranüsse	3,6
Mandelmus, weiß	4
Macadamianüsse	4
Mohnsamen	4,2
Kokosnuss	4,8
Mandeln, süß	5,4
Haselnüsse	10,5
Walnusskerne	10,6
Sonnenblumenkerne, geschält	12,3
Haselnussmus	11
Kürbiskerne	14,2

Kohlenhydratarmes Obst	Angabe in g
Avocado	<1
Zitrone	3,2
Himbeeren	4,8
Johannisbeeren	4,8
Erdbeeren	5,5
Heidelbeeren	6
Brombeeren	6,2
Papaya	7
Grapefruit	7,4
Orange	8,3
Wassermelone	8,3
Aprikose	8,5
Pfirsich	8,9
Kiwi	9,1
Pflaume	10,1
Birne	12,4
Honigmelone	12,4
Nektarine	12,4
Ananas	12,4
Mango	12,5
Feige	12,9
Kaki	13
Kirschen (süß)	13,3
Apfel	14
Granatapfel	16,7

Und Vorsicht! Hingucken lohnt sich. Immer! Einige Produkte sind geradezu tückisch, weil man einfach keine Kohlenhydrate erwartet. Zum Beispiel bringt es zuckerfreier Kaugummi auf erstaunliche Mengen an Kohlenhydraten und auch fertige Puten- oder Hähnchensticks haben Kohlenhydrate, weil sie fast unsichtbar mit Mehl überzogen werden. Lernen Sie Etiketten lesen – für gesunde Entscheidungen.

In Restaurants finden sich fast immer Dinge auf der Karte, die Sie unbeschwert genießen können: grüner Blattsalat als magenfüllende Basis, eine klare Tagessuppe oder Gemüsesuppe, danach eine Portion Eiweiß aus Fisch, Fleisch, Geflügel (nicht paniert), Eiern, Pilzen oder Tofu mit reichlich sättigendem Gemüse (gekocht oder in Olivenöl mariniert) als Beilage. Schon ist man mit Genuss und leicht am Ziel.

Tipp: Schauen Sie auf dem Etikett auf die Gesamtkohlenhydrate, diese Angabe ist sogar wichtiger als der Zuckergehalt, der oft nicht angegeben wird. Denn im Körper werden Kohlenhydrate genauso zu Zucker umgewandelt wie normaler, profaner Haushaltszucker. Wichtig ist auch die Angabe der Ballaststoffe, wenn vorhanden. Sie sind zwar Kohlenhydrate, aber die Glukosemoleküle sind gebunden und landen nicht im Blutkreislauf. Außerdem stärken sie Ihre gesunden Darmbakterien. Ziehen Sie die auf dem Etikett angegebenen Gramm von Ballaststoffen von den Kohlenhydraten ab, so haben Sie die solide **Nettokohlenhydratmenge.**
Wenn Sie Ihren Körper dazu bringen, Energie vornehmlich aus körpereigenem Fett zu verbrennen, sollten Sie Ihren Nettokohlenhydratverzehr gering halten.

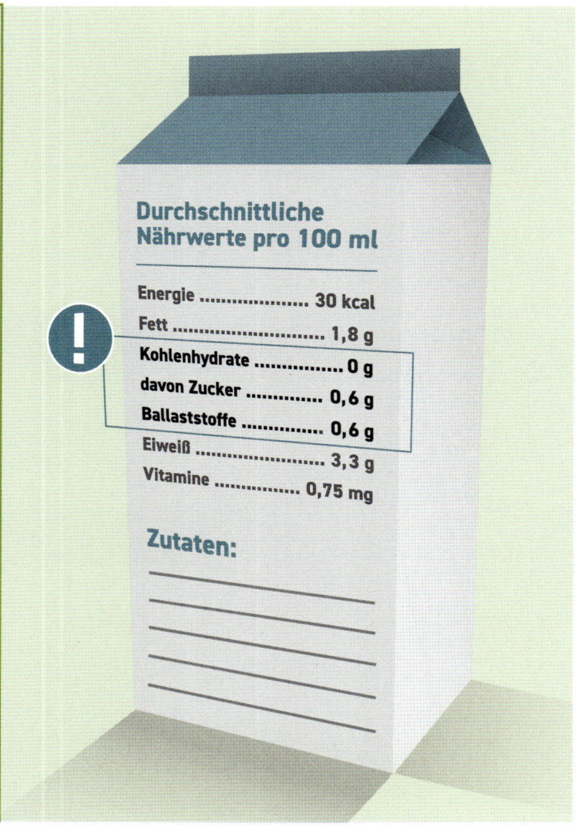

Beispieltage für Phase 1

So könnte zum Beispiel Ihr Tagesfahrplan aussehen. Wenn Sie mal mehr Kohlenhydrate zuführen, sollten Sie sich möglichst kurzfristig danach mehr bewegen.

		g/KH
Beispieltag 1	Doc Fleck Frühstück mit Beeren (Seite 56)	17
	Grün-weißer Spargelsalat mit Ei (Seite 74)	6
	Paprika-Tomaten-Suppe mit Hackbällchen (Seite 61)	14
		37
Beispieltag 2	Doc Fleck Frühstück mit Gurke und Dill (Seite 56)	13
	Zucchinipuffer mit Kräuter-Nuss-Dip (Seite 125)	8
	Kabeljau auf Ratatouille (Seite 129)	13
		34
Beispieltag 3	Karotten-Rührei mit Curry (Seite 118)	9
	Spitzkohl mit Minihackbällchen (Seite 105)	11
	Avocado auf zweierlei Art überbacken (Seite 137)	3
		23

Beim Griechen oder Italiener sind Oliven, Schafskäse oder Insalata Caprese (Mozzarella-Tomaten-Salat) goldrichtig. In asiatischen Lokalen empfehle ich Ihnen Gemüsecurrys mit Fleisch, Geflügel, Fisch oder Tofu (ohne Reis), die köstlich-gesunde Miso-Suppe, gebratenes Gemüse oder Sashimi (statt Sushi).

Auf Partys sollten Sie Alkohol unbedingt meiden, um das erreichte neue Stoffwechselgleichgewicht nicht zu zerstören. Ab Phase 2 können Sie sich gelegentlich mal ein Glas genehmigen, sehen Sie es als kleine Kohlenhydratbombe an und seien Sie beim Essen dann besonders achtsam mit sich und den Kohlenhydraten auf dem Teller.

Phase 2

Gesund schlank werden

Gut Ding will Weile haben. Wollen Sie richtig viel Übergewicht, manifestierten Bluthochdruck oder lästige Entzündungsbeschwerden loswerden, sollten Sie dem Körper die Zeit geben, die er braucht, um sich selbst zu heilen. Schon nach wenigen Wochen wird es Ihnen merklich besser gehen und Sie werden selbst ein Gefühl dafür haben, wie und wie lange es weitergehen soll.

Auch wenn Sie jetzt bereits bis zu 80 g Kohlenhydrate pro Tag essen können, nehmen Sie weiter ab und füttern auch weiterhin die guten Darmbakterien. Damit werden weiter entzündliche Prozesse reduziert. Viele Menschen berichten bereits über eine deutliche Besserung der Symptome bei entzündungsbedingten chronischen Schmerzbildern.

Zeitfenster von drei Monaten, sechs Monaten, einem oder zwei Jahren oder länger – nichts ist unmöglich. Denken Sie langfristig. Bei starkem Übergewicht von mehr als 25 Kilo zu viel auf den Rippen ist die Gewichtsabnahme pro Woche besonders schwer vorauszusagen. In meiner täglichen Praxis habe ich in den vergangenen 15 Jahren jede erdenkliche Variante erlebt. Auch eine Zwischenauswertung der beeindruckenden Ergebnisse der Probanden unserer Facebook-Gruppe „SCHLANK! und gesund mit der Doc Fleck Methode" hat gezeigt, dass die Schwankungsbreite groß ist.

Bei 1 Kilo pro Monat, das man sehr gut schaffen kann, kommen Sie auf 12 Kilo im Jahr. Bei größerem Ausgangsgewicht, starker Motivation und viel Bewegung sind 2 bis 3 Kilo pro Monat, also 24 bis 36 Kilo pro Jahr keine Seltenheit. Nehmen Sie sich einmal die Zeit, die persönlichen Erfahrungen der Teilnehmer, die in diesem Buch veröffentlicht wurden, nachzuvollziehen. Genauso wie die individuelle Gewichtsabnahme freuen mich als Ärztin die beeindruckenden Heilerfolge bei chronischen Beschwerden und der immense Zugewinn an Lebensqualität.

Der Booster – ein, zwei Fastentage

Wer genug Selbstbewusstsein erlangt hat, weil er bisher alles souverän umgesetzt hat, kann jetzt den Booster einschalten und einen, gegebenenfalls auch zwei Fastentage pro Woche einlegen. Dafür gibt es zwei köstliche Rezepte im Buch. Ganz besonders wirksam sind solche Fastentage auch, wenn man am nächsten Tag das Gefühl hat, man hätte doch zu viele Kohlenhydrate gegessen. So ein Fastentag bringt einen dann schnell zurück in die Spur. Die Fastentage wirken nicht nur positiv auf Ihr Gewicht, sondern stimulieren nach neuester Forschung auf wunderbare Weise die Selbstheilungskräfte der Zellen und den Hausputz im Immunsystem „Darm".

Fastenrezepte finden Sie auf den Seiten 199 und 200.

Der Booster: optionaler Fastentag

Hoher Nutzen für die Gesundheit

Gefastet hat der Mensch schon immer, vor Tausenden Jahren allerdings nicht aus freien Stücken. Nahrung war nicht immer und überall verfügbar. Heute wissen wir viel mehr über die positiven Mechanismen im Körper beim Fasten. Bereits ein Fastentag pro Woche aktiviert eine ganze Gruppe sogenannter Reparaturgene. Ohne Fasten fehlt dem Menschen etwas. Das hat sich vor Tausenden von Jahren in unseren Genen manifestiert. Das Fasten stimuliert zelleigene Regenerationsprozesse, das ist aktuell Gegenstand zahlreicher Studien. Die bisherigen Ergebnisse untermauern: Fasten verbessert das Ansprechen der Körperzellen auf Insulin, senkt das Risiko für krankhaftes Übergewicht und Herz-Kreislauf-Erkrankungen, schützt vor Krebs, verbessert die Stimmung und sichert das Gehirn vor Demenz und kognitiven Defiziten.

Aus ärztlicher Sicht empfehle ich kein rigides Fasten auf eigene Faust oder Nullfasten, sondern ein wirksames Fasten mit 500 Kalorien für Frauen und 600 Kalorien für Männer. Bei mehr Kalorien würde der therapeutische Effekt entfallen, bei weniger ist es nur schwer regelmäßig in den Alltag zu integrieren. Ideal wären auf Dauer ein bis zwei solcher Fastentage pro Woche. Aber auch ein Fastentag alle 10 bis 14 Tage ist ein guter Anfang. Probieren Sie es aus! Das würde Zivilisationskrankheiten frühzeitig vermeiden und Reparaturmechanismen in den Zellen wirksamer unterstützen, viel besser, als sich das durch Zufuhr von außen über noch so gesunde Produkte erreichen ließe. Grundsätzlich fällt Fasten im Sommer etwas leichter. Im Buch finden Sie zwei Rezepte für den Fastentag. Zwar ist die Kalorienzählerei überholt, aber an diesen Fastentagen spielt sie eine Rolle. Hier sollten Sie die Obergrenzen für Kalorien genau beachten, allerdings sollten Sie Fastentage nicht unbedingt machen, wenn Sie gerade besonders im Stress sind. Am besten wählen Sie beispielsweise den kürzesten Arbeitstag in der Woche aus oder einen Tag nach einer Einladung, an dem Sie nicht schon mit Hunger aufwachen.

Sie werden merken, dass weitere Fastentage in Zukunft leichter fallen, wenn Sie die Erfahrung gemacht haben, dass Sie nicht verhungern und sich überraschend gut fühlen. Auch können Sie Fastentage als Booster in Phase 1 und 2 einsetzen, wenn Sie schneller abnehmen wollen, nur sollten es nie mehr als zwei pro Woche werden. Schwangere, Kinder und chronisch Kranke sollten nie fasten, ohne vorher ärztlichen Rat einzuholen.

Außerdem ist mein Rat: Wer an Migräne leidet, braucht eine regelmäßige Nahrungszufuhr, ebenso Menschen mit Gallensteinleiden und Refluxbeschwerden. Der Ausschluss ist für das Anwenden von Fastenzeiten wichtig und geht leider auch oft beim gesamten Thema (Intervall-)Fasten unter.

Die Zeit danach ...

... oder Phase 3

In „SCHLANK! und gesund mit der Doc Fleck Methode“ und auch in „SCHLANK! für Berufstätige“ lernen Sie den Aufbruch in ein selbstbestimmtes und gesünderes Leben. Mit dem Wissen und den Erfahrungen aus den Rezepten sind Sie gut für Ihren Alltag und Ihre zukünftigen Entscheidungen zur Frage „Was esse ich?“ gerüstet.

Es gilt mehr denn je: Wehret den Anfängen! Verzichten Sie weiter auf Kohlenhydratorgien, essen Sie viel Gemüse, ausreichend gute Fette und moderate Mengen Eiweiß. Sie können alle Rezepte, die Ihnen besonders gut geschmeckt haben, immer gern wiederholen und variieren. Gehen Sie dabei immer zurückhaltend mit Kohlenhydraten um!

Wenn Sie sich sehr viel bewegt oder am Tag reichlich Sport gemacht haben oder noch machen wollen, können Sie auch mehr Kohlenhydrate essen. Die moderne Ernährungswissenschaft postuliert den Verzehr von Kohlenhydraten flexibel nach Ausmaß der Bewegung. Wer sich bewegt, verdient sich mehr Kohlenhydrate auf dem Teller. Das gilt für jeden! Aber nicht jede körperliche Aktivität verbrennt in gleicher Weise Kohlenhydrate. Perfekt, um sich ein paar Kohlenhydrate zu verdienen, ist Bewegung auf nüchternen Magen, zum Beispiel 30 Minuten Spazierengehen oder mit dem Fahrrad zur Arbeit fahren und ein spätes Frühstück im Büro. Bei körperlicher Aktivität mit niedriger Intensität, zum Beispiel beim Spazierengehen, zieht der Körper seine Energie aus Fettdepots. Bei großer Bewegungsintensität, beispielsweise schnelles Laufen, nutzt der Organismus Glykogen (also die Kohlenhydratdepots aus Leber und Muskeln), bei Bewegung mittlerer Intensität wie Schwimmen generiert er Energie aus beiden Quellen. Das gilt allerdings nur bedingt, wenn der Körper sich wie in den Phasen 1 und 2 in einer längeren Kohlenhydratunterversorgung befindet, dann versorgt sich der Körper noch wirkungsvoller und schneller über Energie aus den Speckdepots. Wann immer Sie also wieder wirkungsvoll an die Fettdepots wollen, steigen Sie einfach wieder mit Phase 1 ein.

Der besondere Fettverbrennungsstoffwechsel, der in Phase 1 gefördert wird, die Ketose, bei dem Fettsäuren in der Leber zu Ketonkörpern abgebaut werden, hat so viele Vorzüge, dass Sie ihn, einmal richtig kennengelernt, immer wieder gern nutzen werden.

Ein anderes Anliegen ist mir besonders wichtig: Behalten Sie bitte Ihre Sportschuhe an, auch wenn Sie mit Phase 1 und 2 durch sind. Bleiben Sie in Bewegung und halten Sie so Stoffwechsel, Muskeln, Gelenke, Sehnen und Bänder auf Trab. Auch die ausgefuchsteste Ernährung kann diesen gesundheitlichen Effekt nicht ersetzen.

TIPP für Schichtarbeiter: Der normale Rhythmus der Ernährung und die physiologische innere Uhr geraten bei Schichtarbeit durcheinander. Auch Mahlzeiten verschieben sich. Der Schlafmangel macht hungrig und die oft sehr einseitige, unregelmäßige Ernährung auf die Schnelle begünstigt überflüssige Pfunde. **Mein Rat:** Halten Sie vor allem außerhalb der Schichtarbeit möglichst die sonst üblichen Zeitstrukturen der Mahlzeiten tagsüber ein, so bewahrt die Esskultur zu Hause einen vertrauten und gesunden Rhythmus.

Achten Sie vor dem Zubettgehen auf leichte Kost, die Sie gut schlafen lässt, und meiden Sie Rohkost, die sonst im Schlaf im Darm gärt. Legen Sie Ihre Hauptmahlzeit auf den Mittag oder Nachmittag.

Die Nachtschichtarbeit hat einige Besonderheiten. In der Nacht ist der Magen-Darm-Trakt trotz Schichtarbeit in der wichtigen Phase der Regeneration und Ruhe. Wird nachts gegessen, arbeitet der Verdauungstrakt gegen den natürlichen Rhythmus. Deshalb leiden viele Nachtschichtarbeiter unter Magen-Darm-Beschwerden wie Blähungen, Sodbrennen oder Verstopfung. Nach Ihrem individuellen Bedürfnis und der körperlichen Anforderung sollten Sie besonders nachts wirklich nur dann essen, wenn Sie echten Hunger verspüren – und dann nur kleine Portionen.

Oft wird nachts auf die Schnelle eine Pizza oder Fast Food geordert. Wählen Sie stattdessen eher eine leichte Suppe. Oder planen Sie vor und nehmen Sie eine gesunde kleine Mahlzeit, zum Beispiel aus den Rezepten im Buch, mit. Wenn Sie nachts essen, dann möglichst mit etwas Ruhe und ausgiebigem, bewusstem Kauen. Das erleichtert dem Darm die Arbeit.

Sündige Snacks aus Solidarität mit den Kollegen sind kontraproduktiv. Vorsicht: Mahlzeiten ohne Hunger oder aus Langeweile und dann noch solche Kohlenhydrat- und Zuckerkeulen belasten den Stoffwechsel und züchten entzündungsfördernde Fettdepots. Denken Sie voraus und bereiten sich lieber eine warme Tasse Tee oder Brühe zu. Wenn es unbedingt etwas Kaubares sein muss, sind ein paar Nüsse, Mandeln oder Samen ein guter Weg.

Wenn Sie einen deutlichen Leistungsabfall spüren, hilft etwas frische Luft oder ein paar Kniebeugen und helles Licht, um sich auf Trab zu halten. Nach einer Nachtschicht empfehle ich Ihnen nur eine kleine Mahlzeit, also ein leichtes Frühstück nach getaner Arbeit. Mit diesen Tipps schlafen Sie besser und sind hoffentlich in Zukunft für die Schichtarbeit besser gerüstet.

Quickstart

Veränderung ist keine Kleinigkeit. Aber sie wird Ihnen Freude machen, wenn Sie es mit einem langen Atem angehen. Geben Sie Ihrem Ziel höchste Priorität. Gehen Sie an Ihr Vorhaben so professionell heran wie jemand, der einen Marathonlauf oder die Erstbesteigung eines Berges plant. Gehen Sie in Gedanken alles durch, was schiefgehen könnte: Was ist, wenn ich mal eine Zeitlang nicht abnehme? Wie reagiere ich, wenn Freunde gegen mein Ziel oder gegen meine Methode argumentieren? Was ist, wenn ich mal der Versuchung erliege? Vermutlich kennen Sie Ihre Schwachpunkte bereits vorher. Überlegen Sie sich jetzt die passenden Antworten und Handlungsweisen, die Sie dann souverän reagieren lassen.

Wenn der Fall dann eintritt, ist die Gefahr einer spontanen Fehlreaktion sehr viel geringer. Machen Sie sich vorher den ganzen Weg klar, rechnen Sie damit, dass es auch mal weniger lustig oder gar anstrengend werden kann – gerade am Anfang. Haben Sie einen oder mehrere Tage bereits geschafft, sind Sie Ihrem Ziel schon ein großes Stück nähergekommen. Sie haben bewiesen, dass Sie in der Lage sind, einen Tag durchzuhalten. Die wichtigste Lehre daraus: Schwerer als dieser eine Tag wird auch kein anderer Tag.

Hier machen viele den Fehler, sich eine endlos lange Phase der Entbehrung vorzustellen, und brechen dann unter der mangelnden Zuversicht bei erstbester Gelegenheit ab. Tatsächlich müssen Sie aber immer nur einen Tag durchhalten: heute. Und morgen geht es von vorn los. Aber es wird morgen nicht schwerer als heute, es ist wieder nur ein Tag. Und wenn die ersten paar Tage hinter Ihnen liegen, haben Sie das Schwierigste schon geschafft: den Anfang.

Ab dem vierten oder fünften Tag wird es leicht. Wer bis hier gekommen ist, muss nur noch weitermachen – mit Freude und Genuss. Das klingt Ihnen zu simpel? Es ist so simpel.

Deswegen mein Tipp: Unterbrechen Sie zweifelnde Gedanken einfach, indem Sie sich ein paar Minuten ablenken. Solche abtrünnigen, sinnlosen Gedanken vergehen so schnell, wie sie gekommen sind. Eine Viertelstunde später werden Sie sich an Ihre Zweifel kaum noch erinnern.

Die Vorbereitung

Legen Sie Ihren Starttermin fest. Lassen Sie sich vorher mindestens ein paar Tage Zeit bis zum Kick-off und nutzen Sie diese, sich gründlich vorzubereiten: Überlegen Sie, welche Wochentage für Ihren Start ideal wären, und vergessen Sie nicht, vorher Ihren Körper gründlich und ehrlich zu vermessen.

Wiegen, aber bitte richtig

Das Startgewicht ermitteln Sie an drei aufeinanderfolgenden Tagen unter den gleichen Bedingungen: dieselbe Waage, gleiche Tageszeit und ähnliche Bekleidung.

Tipp: Wiegen Sie sich direkt nach dem Aufstehen, also noch vor dem Frühstück! Dann sind die Ergebnisse verlässlicher. Bilden Sie den Durchschnitt der letzten drei Tage, um tagesaktuelle Gewichtsschwankungen auszugleichen. Notieren Sie das Ergebnis.

Bauchumfang ermitteln

Der Bauchumfang als Messgröße ist deshalb interessant, da er das Fettverteilungsmuster aufdeckt. Bei einem Bauchumfang über 80 cm bei Frauen und über 94 cm bei Männern erhöht sich das Risiko für Diabetes mellitus. Bestimmen Sie Ihren Ausgangswert und wiederholen Sie die Messung regelmäßig, zum Beispiel einmal im Monat. Halten Sie das Ergebnis in einem Notizheft fest. Zwei Vorteile hat das Maßband gegenüber der Waage: Ein Maßband passt auch auf Reisen in jedes Gepäck und die Messung mit dem Maßband ist unempfindlicher gegen Gewichtsschwankungen durch kurzzeitige Wassereinlagerungen.

$$\textbf{BMI} = \frac{\textbf{Körpergewicht (kg)}}{\textbf{Körpergröße (m)} \times \textbf{Körpergröße (m)}}$$

< 18,5	=	Untergewicht
18,5–25	=	Normalgewicht
> 25	=	Übergewicht
> 30	=	Adipositas

Beispiel

Körpergewicht: 87 kg, Körpergröße: 1,75 m

BMI = 87 / (1,75 × 1,75) = 28,4 = Übergewicht

Bestimmen Sie Ihren Körperfettanteil!

Wenn Sie eine Fettwaage besitzen, sollten Sie Ihren Körperfettanteil ermitteln und notieren. Das Ziel für Frauen sollte ein Körperfettanteil von unter 25 Prozent, für Männer von unter 20 Prozent sein. Ich empfehle Körperfettwaagen für zu Hause, weil sie eine weitere Motivation liefern, den Erfolg zu kontrollieren. Auf guten Waagen sehen Sie dann zum Beispiel auch, dass Sie vielleicht gerade mehr Wasser eingelagert haben als sonst – Salz kann die einfache Ursache für spontane Gewichtssprünge sein, starkes Schwitzen für Gewichtsverluste. Körperfettwaagen gibt es ab etwa 30 Euro.

Bestimmen Sie Ihren BMI!

Der Body-Mass-Index (BMI) hat sich international durchgesetzt, um Gewicht zu klassifizieren. Der BMI ergibt sich aus Ihrem Gewicht in Kilogramm geteilt durch Ihre Größe in Metern zum Quadrat. Notieren Sie auch Ihren BMI.

HINWEIS

Professionell und individuell – SCHLANK! und gesund!
Weiterführende Informationen zu persönlichen Beratungen, Therapiewochen, Vorträgen und Seminaren mit Dr. med. Anne Fleck finden Sie unter **www.docfleck.com.**

Selfie?

Last, but not least ist es sinnvoll, unter wiederholbaren Bedingungen ein Foto von sich zu machen. Nichts motiviert mehr als die ersten sichtbaren Veränderungen an Ihrem Körper.

Weitere nützliche Listen, Selbsttests und Analyselisten finden Sie im Internet beim Verlag unter www.bjvvlinks.de/8041. Niemand muss alle diese Hilfen in Anspruch nehmen, aber es macht vieles leichter. Ein Blick lohnt sich!

Ihr Merkzettel

Was ich Ihnen aber besonders ans Herz legen möchte, ist ein kleiner Zettel im Hemdtaschenformat, auf dem Sie schlagwortartig Ihre Gründe formulieren, warum Sie schlank und gesund werden wollen. Es kann ein Grund sein, es können aber auch zehn sein. Aber es sollte das sein, was Sie wirklich bewegt und Ihnen etwas bedeutet.

Sie möchten sich wieder in Ihrem Körper wohlfühlen, Sie möchten belastbarer und weniger müde sein, Ihre Blutdrucksenker oder Diabetesmedikamente einsparen?

Sie möchten wieder 5 km laufen können, ohne fast ohnmächtig zu werden? Sie möchten die Schmerzen in den Gelenken loswerden? Jeder hat andere Beweggründe.

Versuchen Sie, Ihre Ziele positiv und extrem kurz auf den Zettel zu bannen: gut aussehen, weniger müde sein, sich im Körper wohlfühlen, gesunder Blutdruck, weniger Medikamente, 5 km locker joggen, stundenlang schmerzfrei gehen können – das alles sind Möglichkeiten, wie Sie Ihre Gründe positiv formulieren.

Schreiben Sie alles sorgfältig auf. Nehmen Sie dieses wichtige Stück Papier täglich mit, hängen Sie es an den Kühlschrank oder an den Ganzkörperspiegel. In schwachen Momenten lohnt sich ein Blick auf Ihre Ziele. Wollen Sie das alles aufgeben für einen Schokoriegel, eine Party? Für zwei Minuten Kauen oder weil Ihnen gerade langweilig ist? Denken Sie daran, wie gigantisch es sein wird, wenn Sie von Übergewicht und Beschwerden in der Vergangenheitsform erzählen können.

Kühlschrank- und Haushaltscheck

Wir sind uns hoffentlich einig, dass Sie Cola, Chips und Schokoladenvorräte jetzt besser wegpacken, als sie in letzter Minute zu vertilgen. Der Apfel darf bleiben. Die Fliegt-raus-Liste konzentriert sich auf Nahrungsmittel, die Sie in den SCHLANK!-Phasen 1 und 2 absolut vermeiden sollten. Packen Sie alles Haltbare in große Kisten und verstauen sie außerhalb Ihrer Küche. Dinge mit kurzem Haltbarkeitsdatum verschenken Sie am besten rechtzeitig.

Lassen Sie sich nicht von Aufdrucken auf Packungen verunsichern, auf denen „gesund" steht oder „mit 6 essenziellen Fettsäuren". Egal,

Die Fliegt-raus-Liste

- Bonbons, Gummibärchen, Schokoriegel, Salzstangen, Kekse, Chips, Cracker, Schokolade, Eis, Pudding, Kuchen, Fruchtgummi, Lakritz
- Cola, Eistee, Vitamindrinks, Softdrinks mit Zucker oder Zuckerersatzstoffen, Fruchtsäfte aller Art
- Alkohol in Phase 1
- Light-Produkte mit Zuckeraustauschstoffen, Fertiggerichte mit Zusatzstoffen wie E-Nummern, Verdickungsmittel, Emulgatoren, Glukose-Fruktose-Sirup
- Tiefkühlgemüse oder -obst mit zucker-, salz- und zusatzstoffreichen Gewürzmischungen, Fertigpizza oder -quiche, Tiefkühlgerichte mit Pasta, Reis, Kartoffelpüree, Frühstückscerealien, Marmelade und Nuss-Nugat-Creme, Mayonnaise, Ketchup, Fertigsaucen (vor allem auf Tomatenbasis – sie enthalten viel Zucker und Salz)
- Lebensmittel aus Dosen, Plastikverpackungen oder Gläsern sollten möglichst frei von künstlichen Zusatzstoffen und Zucker oder Zuckerersatzstoffen sein. Bevorzugen Sie Produkte, die im Glas und ohne Plastik verpackt sind.
- Zucker, Dicksaft und Honig, Getreide, Mehl, Brot und Knäckebrot, Pasta, Couscous, Grieß, Maisstärke sowie Kartoffeln und Kartoffelprodukte

wie es formuliert ist, es ist fast immer irreführend, voller Zucker oder Zusatzstoffe. Und „bio“ auf der Familienpackung Chips macht sie auch nicht zu Doktors Liebling. Also: im Zweifel gegen die Verpackung! Weg damit in den Karton.

Hinweise: Sojamilch weist Kreuzallergien mit Birkenpollen auf. Achten Sie deshalb auf Ihr persönliches Allergierisiko. Die SCHLANK!-Phase 1 ist komplett ohne Getreide, das gilt auch für den Milchersatz. Ab Phase 2 können Sie wieder auf etwas Haferdrink, Dinkeldrink, Cashewdrink und Reisdrink setzen.

Was in Ihren Vorräten eine gute Figur macht

Ein Blick in die Daumen-hoch-Liste auf der nächsten Seite zeigt, was Ihnen guttut und welche Lebensmittel eine gute Basis dafür sind, dass Sie Ihr Ziel erreichen. Sie werden staunen, welche köstlichen Gerichte sich auch für das Büro und unterwegs aus diesen Zutaten zaubern lassen und wie einfach es am Ende ist. Ich wünsche viel Spaß mit den Rezepten und guten Appetit!

Die Daumen-hoch-Liste

Phase 1 / Frisch

Gemüse/ Obst

- Aubergine
- Blumenkohl
- Brokkoli
- Chilischote
- Fenchel
- Gurke
- Ingwer
- Karotte
- Knoblauch
- Knollensellerie
- Kohl
- Kohlrabi
- Lauch
- Mairübchen
- Paprika
- Pilze
- Radieschen
- Salat
- Salatgurke
- Schalotte
- Spargel (weiß/grün)
- (Baby-)Spinat
- Staudensellerie
- Sauerkraut, frisch
- Steckrübe
- Tomate
- Topinambur
- Zucchini
- Zwiebel
- Aprikose
- Avocado
- Birne
- Brombeeren
- Erdbeeren
- Feige
- Granatapfel
- Grapefruit
- Heidelbeeren
- Himbeeren
- Honigmelone
- Kirschen
- Mango
- Orange
- Papaya

Kräuter

- Dill
- Kresse
- Kräuter der Provence
- Bohnenkraut
- Petersilie
- Minze
- Koriander
- Thymian

Milchprodukte

- Milch
- Buttermilch
- Kefir
- Naturjoghurt
- Crème fraîche
- Quark
- Ricotta
- Sahne, saure Sahne
- Mascarpone

Milchersatz

- Mandeldrink
- Cashewdrink
- Kokosdrink
- Sojadrink (Vorsicht, Allergierisiko!)

Eier

Fleisch/ Wurst

- Pute
- Hähnchen
- Lamm
- Rind
- Roastbeef
- Magerer Schinken
- Kalb

Fisch

- Lachs
- Skrei
- Heilbutt
- Zander
- Garnelen
- Krabbe
- Dorade
- Thunfisch

Käse

- Cheddar
- Ziegenkäse
- Feta
- Parmesan
- Mozzarella
- Frischkäse
- Hüttenkäse

Phase 2 / Frisch

Gemüse/ Obst

- Pastinake
- Petersilienwurzel
- Rote Bete
- Erbsen
- Kürbis
- Banane
- Süßkartoffel

Phase 2 / Vorrat

Getreide

- Quinoa, Amaranth
- Haferflocken
- Wildreis
- (Bio-)Vollkornreis
- Hafer- und Dinkelkleie
- Vollkornmehl (Hafer, Dinkel, Roggen)
- Buchweizen
- Bulgur

Zucker/ Sirup

- Ahornsirup
- Kokosblütenzucker
- Birkenzucker
- Honig
- Erythrit

Trockenobst

- Soft-Aprikosen, ungezuckert
- Datteln, ungezuckert
- Feigen, ungezuckert

Phase 1 / Vorrat

Nüsse/Samen

- Mandeln (ganz/gehackt)
- Leinsamen, Sesam, Mohnsamen
- Walnüsse
- Cashewkerne
- Macadamianüsse
- Sonnenblumenkerne
- Haselnüsse
- Kürbiskerne
- Flohsamenschalen
- Chiasamen
- Kokosraspel, ungezuckert
- Pistazien
- Nussmus (Cashew-, Mandel-, Sesammus)

Hülsenfrüchte*

- Kichererbsen
- Erdnüsse
- Bohnen
- Linsen
- Tofu Natur
- Räuchertofu
- Seidentofu

* sowie Produkte aus Hülsenfrüchten

Mehle

- Hanfsamenmehl
- Haselnussmehl
- Kichererbsenmehl
- Mandelmehl
- Kokosmehl

Außerdem

- Kaffee
- Rohes Kakaopulver

Öle

- Erdnussöl
- Kokosöl
- Olivenöl
- Leinöl (omegasafe Herstellung)
- Weizenkeimöl (omegasafe Herstellung)
- Sonnenblumenöl
- Sesamöl
- Mohnöl

Konserven

- Thunfisch (in Eigensaft)
- Oliven
- Artischockenherzen
- Senf
- Tomatenmark
- Kapern
- Geschälte Tomaten

Gewürze

- Cumin
- Curry
- Chili
- Kurkuma
- Fenchel
- Anis
- Muskat
- Pfeffer
- Paprika
- Zimt

Tee

- Kräutertee
- Basentee
- Früchtetee
- Grüner Tee

Nahrungsergänzung – für alle Phasen

Omega-3-Fettsäuren

- Leinöl, Weizenkeimöl mit DHA aus omegageschützter Herstellung

Präbiotika

- Flohsamenschalen, gemahlen
- Inulinpulver
- Sauerkraut, frisch, ungekocht (Reformhaus, Bioladen)
- Kefir

Bei Bedarf

- Bitterstoffe (ohne Alkohol als Spray oder Tropfen)
- Vitamin D_3, B_{12}
- Magnesiumcitrat

Legende der Icons

To go oder perfekt fürs Büro

Vegetarisch

Vegan

Gut vorzubereiten

Glutenfrei

Laktosefrei

Easy

WWW.MENGENRECHNER.DE
kcal
UNSER KOSTENLOSER SERVICE FÜR SIE

Ausführliche Infos
Seite 202

REZEPTE

Phase 1

Pro Person 404 kcal, EW 13 g, F 32 g, KH 13 g

BLAUBEER-JOGHURT-BOWL MIT NÜSSEN

Zubereitungszeit 5 Minuten

FÜR 2 PERSONEN

300 g griechischer Naturjoghurt (10 % Fett)
½–1 TL gemahlener Ceylon-Zimt
1–2 Msp. gemahlene Vanille
20 g geschälte Hanfsamen
20 g Kürbiskerne
200 g Blaubeeren
1 TL dunkles Kakaopulver (3 g)
20 g Pekannusskerne
10 kleine Minzblätter (2 g)

Den Joghurt in einer Schüssel mit Zimt und Vanille glatt rühren. Hanfsamen und 10 g Kürbiskerne dazugeben und vermengen. ■ Blaubeeren abbrausen, trocken tupfen und einige zum Garnieren beiseitestellen. Restliche Blaubeeren unter die Joghurtmischung rühren. ■ Die Blaubeer-Joghurt-Mischung auf zwei Bowls verteilen und das Kakaopulver über die Portionen stäuben. ■ Pekannüsse grob hacken und mit den restlichen Kürbiskernen darüberstreuen. ■ Die Minzblätter abbrausen und trocken tupfen. Dann die Blaubeer-Joghurt-Bowls mit der Minze und beiseitegestellten Blaubeeren garnieren.

Hinweis! Ceylon-Zimt enthält deutlich weniger Cumarin (auch Kumarin oder Coumarin genannt) als andere Zimtsorten. Der natürlich vorkommende Aromastoff kann gesundheitsschädlich sein, wenn man zu viel davon einnimmt. Im Ceylon-Zimt ist die Cumarin-Konzentration aber so niedrig, dass sie als unbedenklich eingestuft wird. Kaufen Sie Zimt möglichst in Bioqualität!

Pro Person 372 kcal, EW 28 g, F 21 g, KH 17 g

DOC FLECK FRÜHSTÜCK MIT BEEREN – ORIGINAL

Zubereitungszeit 5 Minuten

FÜR 2 PERSONEN

Für das Topping

250 g gemischte Beeren nach Wahl (z. B. Blaubeeren, Brombeeren, Himbeeren, Erdbeeren oder Rote Johannisbeeren)
30 g Mandelkerne

Für die Quarkcreme

300 g Magerquark
100 g Naturjoghurt (3,5 % Fett)
10 ml Zitronensaft (2 TL)
20 ml Mischung aus omegageschützt hergest. Biolein- und -weizenkeimöl (optional DHA- und Vitamin-D_3-Zusatz; 4 TL)
1 Msp. gemahlene Vanille (nach Belieben)

Beeren abspülen, eventuell entstielen und trocken tupfen. Große Erdbeeren und Brombeeren nach Belieben kleiner schneiden. ■ Für die Quarkcreme den Quark mit Joghurt, Zitronensaft und Öl in einer Schüssel gut vermischen. Nach Belieben die Vanille einrühren. ■ Quarkcreme in zwei Schalen füllen und darauf die Beeren verteilen. Die Mandeln hacken oder hobeln und darüberstreuen.

Vegane und laktosefreie Variante

Für diese Varianten können Magerquark und Joghurt durch 3 EL Chiasamen oder Leinsamen (optimal frisch gemahlen) in Kombination mit Mandel-, Reis-, Kokos- oder Haferdrink ersetzt werden.

TIPP Wer kalte Speisen nicht gut verträgt, sollte den Magerquark rechtzeitig aus dem Kühlschrank nehmen oder etwas heißes Wasser zugeben.

Pro Person 325 kcal, EW 27 g, F 18 g, KH 13 g

... MIT GURKE UND DILL

Zubereitungszeit 5 Minuten

FÜR 2 PERSONEN

Für das Topping

20 g Misopaste
20 g geschälte Sesamsaat
1 Salatgurke (geschält und entkernt 250 g)
Salz
frisch gemahlener schwarzer Pfeffer
3–4 Stängel Dill (5 g Dillspitzen)

Für die Quarkcreme

siehe links – aber ohne Vanille

Quarkcreme wie links angegeben ohne Vanille zubereiten, dafür die Misopaste einrühren. ■ Sesamsaat in einer Pfanne ohne Fettzugabe goldgelb rösten und abkühlen lassen. ■ Salatgurke schälen, entkernen und knapp 5 mm groß würfeln. Dann leicht mit Salz und Pfeffer würzen, unter die Quarkcreme mischen und in zwei Schalen füllen. ■ Dill abbrausen und trocken tupfen. Die Spitzen abzupfen, hacken und zusammen mit dem gerösteten Sesam über die Quarkportionen streuen.

Pro Person 465 kcal, EW 28 g, F 32 g, KH 16 g

… MIT APFEL UND AVOCADO

Zubereitungszeit 10 Minuten

FÜR 2 PERSONEN

Für das Topping

1–2 Msp. gemahlener Ceylon-Zimt
1 kleiner Apfel (100 g)
½ große oder 1 kleine Avocado (100 g Fruchtfleisch)
5 ml Zitronensaft (1 TL)

Für die Quarkcreme siehe links

Die Quarkcreme wie auf Seite 56 angegeben zubereiten und den Zimt einrühren. ■ Den Apfel waschen, trocken tupfen und grob reiben. Sofort unter die Quarkcreme heben und in zwei Schalen füllen. ■ Avocado schälen, entkernen und in Spalten schneiden. Die Avocadospalten auf dem Quark anrichten und mit dem Zitronensaft beträufeln.

Pro Person 318 kcal, EW 26 g, F 17 g, KH 14 g

… MIT KAROTTE UND INGWER

Zubereitungszeit 10 Minuten

FÜR 2 PERSONEN

Für das Topping

1–2 Msp. gemahlener Kardamom
20 g geschälte Sesamsaat
1 Karotte (180 g, geschält 150 g)
1 daumengroßes Stück Ingwerwurzel (geschält 10 g)

Für die Quarkcreme siehe links

Die Quarkcreme wie auf Seite 56 angegeben zubereiten und den Kardamom einrühren. ■ Für das Topping den Sesam in einer Pfanne ohne Fettzugabe goldgelb rösten und abkühlen lassen. ■ Die Karotte schälen und mittelgrob reiben. Ingwer schälen und fein reiben. Karotte und Ingwer unter die Quarkcreme mischen, in zwei Schalen füllen und mit dem gerösteten Sesam bestreuen.

Pro Person 350 kcal, EW 29 g, F 19 g, KH 15 g

… MIT MELONE UND KÜRBISKERNEN

Zubereitungszeit 10 Minuten

FÜR 2 PERSONEN

Für das Topping

30 g Kürbiskerne
¼ Galia-Melone (geschält, entkernt 200 g)
5–10 ml Zitronensaft (1–2 TL)

Für die Quarkcreme siehe links

Die Quarkcreme wie auf Seite 56 angegeben zubereiten. Die Kürbiskerne in einer Pfanne ohne Fettzugabe rösten und abkühlen lassen. ■ Melone schälen, entkernen und das Fruchtfleisch klein würfeln. Zitronensaft darüberträufeln und vermengen, die Melonenwürfel unter die Quarkcreme heben und in zwei Schalen füllen. ■ Die gerösteten Kürbiskerne grob hacken und darüberstreuen.

... HERZHAFT MIT GURKE UND DILL

DOC FLECK FRÜHSTÜCK MIT BEEREN – ORIGINAL

... MIT APFEL UND AVOCADO
... MIT KAROTTE UND INGWER
... MIT MELONE UND KÜRBISKERNEN

Pro Person 421 kcal, EW 29 g, F 27 g, KH 14 g

PAPRIKA-TOMATEN-SUPPE MIT HACKBÄLLCHEN

Zubereitungszeit 30 Minuten

FÜR 2 PERSONEN

Für die Suppe

1 kleine Zwiebel (geschält 50 g)
2 große rote Paprikaschoten (insg. 450 g, geschält und geputzt 280 g)
20 ml Erdnuss- oder Sonnenblumenöl (4 TL)
1 Dose stückige Tomaten (400 g)
200 ml Fleisch- oder Gemüsebrühe
100 g Doppelrahmfrischkäse
½–1 TL Delikatess-Paprikapulver
1–2 Msp. Cayennepfeffer
5 ml Balsamico-Essig (1 TL)
5 ml Worcestershiresauce (1 TL)
Salz
frisch gemahlener schwarzer Pfeffer

Für die Hackbällchen

200 g Beefsteakhackfleisch
10 g Dijonsenf (2 TL)
Salz
frisch gemahlener schwarzer Pfeffer
1–2 Prisen Delikatess-Paprikapulver
1–2 Prisen Cayennepfeffer
2–3 Stängel Basilikum (4 g Blätter)

Für die Suppe die Zwiebel schälen und hacken. Die Paprikaschoten dünn schälen, vierteln, entkernen, abspülen und würfeln. ■ Das Öl in einer Pfanne erhitzen und die Zwiebel darin bei mittlerer Hitze 2 Minuten glasig andünsten. Die Paprika zugeben und 3 Minuten unter Rühren dünsten. Dann Tomaten und Brühe hinzufügen, aufkochen, den Deckel aufsetzen und 10 Minuten köcheln lassen. ■ Die Suppe mit dem Stabmixer fein pürieren und den Frischkäse einrühren. Paprikapulver, Cayennepfeffer, Essig und Worcestershiresauce dazugeben und mit Salz und Pfeffer abschmecken. ■ Inzwischen für die Hackbällchen das Hackfleisch mit Senf, Salz, Pfeffer, Paprikapulver und Cayennepfeffer würzen und aus der Masse kleine, knapp 2 cm große Bällchen formen. In die heiße Suppe legen und 3–4 Minuten gar ziehen lassen. ■ Das Basilikum abbrausen und trocken tupfen. Die Paprika-Tomaten-Suppe mit den Hackbällchen in zwei Schalen füllen, die Basilikumblätter klein zupfen und über die Suppe streuen.

Pro Person 383 kcal, EW 27 g, F 23 g, KH 16 g

KALTE TOMATEN-MELONEN-SUPPE MIT MOZZARELLA-HÄHNCHEN-SPIESS

Zubereitungszeit 30 Minuten

FÜR 2 PERSONEN

Für die Suppe
2–3 Minigurken (100 g)
200 g entkerntes Wassermelonenfleisch
1 frische rote Chilischote (geputzt 10 g)
1 Dose geschälte Tomaten oder Pizzatomaten (400 g)
10 ml Olivenöl (2 TL)
10 ml Limettensaft (2 TL)
Salz
frisch gemahlener schwarzer Pfeffer
5 ml Worcestershiresauce (1 TL)

Für die Spieße
3 Hähnchenbrust-Innenfilets (à 50 g)
Salz
10 g Kokosöl (2 TL)
frisch gemahlener schwarzer Pfeffer
10 ml Limettensaft (2 TL)
3–4 Stängel Basilikum (5 g Blätter)
8 Minimozzarellakugeln (70 g)
10 ml Olivenöl (2 TL)

Für die Suppe die Gurken waschen und mit der Schale in grobe Stücke schneiden. Das Melonenstück grob zerteilen. Die Chilischote längs halbieren, entkernen, waschen und hacken. ■ Gurken, Melone, Chili und Tomaten in den Standmixer geben und auf hoher Stufe fein pürieren. Öl und Limettensaft mit Salz und Pfeffer dazugeben und erneut durchmixen. Worcestershiresauce einarbeiten und die Suppe bis zum Servieren kalt stellen. ■ Für die Spieße die Hähnchenfilets kalt abspülen und trocken tupfen. Sehnen und Häutchen entfernen und das Fleisch salzen. ■ Das Kokosöl in einer Pfanne erhitzen und die Filets darin bei hoher Hitze von beiden Seiten insgesamt 3 Minuten goldgelb anbraten, dabei öfter wenden. Dann bei mittlerer Hitze nochmals 2–3 Minuten nachgaren. ■ Herausnehmen, mit Pfeffer bestreuen und abkühlen lassen. Dann jedes Filet in vier mundgerechte Stücke schneiden. Den Limettensaft in die Pfanne geben, mit dem Bratensatz verrühren und über das Fleisch träufeln. ■ Das Basilikum abbrausen, die Blättchen abzupfen und trocken tupfen. Die Mozzarellakugeln abtropfen, trocken tupfen, salzen und pfeffern. Auf vier kleine Spieße abwechselnd drei Fleischstücke, zwei Mozzarellakugeln und die Basilikumblätter spießen. ■ Die Tomaten-Melonen-Suppe in zwei Schalen füllen, je zwei Spießchen darüberlegen und mit dem Öl beträufeln.

Pro Person 272 kcal, EW 11 g, F 21 g, KH 10 g

BLUMENKOHL-CURRY-SUPPE

Zubereitungszeit 15 Minuten plus 12–15 Minuten Garzeit

FÜR 2 PERSONEN

1 Stück Porree (möglichst vom festen weißen Teil; geputzt 100 g)
½ Blumenkohl (400 g, geputzt 250 g Blumenkohlröschen)
15 g Kokosöl (3 TL)
1–2 TL Currypulver (alternativ gemahlene Kurkuma und gemahlener Kreuzkümmel (Cumin))
300 ml Gemüsebrühe
20 g Kürbiskerne
100 ml Kokosmilch (70–90 % Kokosnussanteil)
100 ml Milch (3,5 % Fett)
Salz
frisch gemahlener grüner Pfeffer
10 ml Limettensaft (2 TL)
50 g griechischer Naturjoghurt (10 % Fett)
½ TL abgeriebene Biolimettenschale

Das Porreestück putzen, gründlich waschen, dann längs halbieren und quer in schmale Streifen schneiden. Den Blumenkohl putzen und in kleine Röschen teilen. ■ Das Kokosöl in einem Topf erhitzen und den Porree darin 1 Minute andünsten. Den Blumenkohl zugeben und ebenfalls kurz dünsten. ■ Mit 1 TL Currypulver bestäuben, die Brühe angießen und aufkochen. Den Deckel aufsetzen und bei mittlerer Hitze 12–15 Minuten garen. ■ Inzwischen die Kürbiskerne in einer Pfanne ohne Fettzugabe rösten. Abkühlen lassen und grob hacken. ■ Kokosmilch und Milch zum Gemüse in den Topf geben und mit dem Stabmixer alles fein pürieren. Mit Salz, Pfeffer und nach Belieben mit mehr Currypulver abschmecken und den Limettensaft zugeben. ■ Die Blumenkohl-Curry-Suppe in zwei Schalen füllen. Den Joghurt mit etwas Salz und Limettenschale glatt rühren und auf jede Portion einen Klecks setzen. Die Kürbiskerne darüberstreuen.

Pro Person 465 kcal, EW 10 g, F 45 g, KH 5 g

AVOCADO-RUCOLA-SALAT MIT FETA, CHILI UND BLAUBEEREN

Zubereitungszeit 20 Minuten

FÜR 2 PERSONEN

75 g Rucola (geputzt 60 g)
1 große Avocado (150 g Fruchtfleisch)
15 ml Limettensaft (3 TL)
Salz
frisch gemahlener schwarzer Pfeffer
100 g Feta (48 % Fett)
30 ml Olivenöl (6 TL)
100 g Blaubeeren
1 frische rote Chilischote (geputzt 15 g)

Den Rucola putzen und die Stängel abknipsen. Gründlich waschen, trocken schleudern und auf zwei Teller verteilen. ■ Avocado halbieren, entkernen, das Fruchtfleisch mit einem Löffel herauslösen und in Spalten schneiden. Avocadospalten auf dem Rucola anrichten, sofort mit dem Limettensaft beträufeln und mit Salz und Pfeffer würzen. ■ Den Feta zerbröseln und darauf verteilen. Dann das Öl darüberträufeln. ■ Blaubeeren waschen, trocken tupfen und über den Salat geben. ■ Die Chilischote längs halbieren, entkernen, abspülen und in feine Streifen schneiden. Über den Avocado-Rucola-Salat streuen und servieren.

Vegane Variante

Für eine vegane Variante den Feta durch 50 g grob gehackte Cashewkerne ersetzen. Nach Belieben die Cashewkerne vorher in einer Pfanne ohne Fettzugabe anrösten. Die Nährwerte betragen dann pro Person: 474 kcal, EW 7 g, F 44 g, KH 12 g.

Pro Person 430 kcal, EW 17 g, F 36 g, KH 8 g

SALAT

FELDSALAT MIT GURKE UND RÄUCHERFORELLE

Zubereitungszeit 20 Minuten

FÜR 2 PERSONEN

125 g Räucherforellenfilet
1 Grapefruit (möglichst gelb und ca. 300 g, ergibt 140 g Filets und Saft)
1 ½ Avocados oder 1 große Avocado (150 g Fruchtfleisch)
Salz
frisch gemahlener grüner Pfeffer
100 g Feldsalat (geputzt 80 g)
3–4 Minigurken (150 g)
30 ml Olivenöl (6 TL)
10 g Meerrettich (frisch gerieben oder Kren in Streifen aus dem Glas; 2 TL)
10 g Sprossen oder Kresse (z. B. Rettichsprossen oder Gartenkresse)

Das Forellenfilet aus der Packung nehmen und bis zur Verwendung Zimmertemperatur annehmen lassen. ■ Die Grapefruit so schälen, dass auch die weiße Schale mit entfernt wird. Die Filets aus den Trennwänden herausschneiden, dabei den Saft auffangen. Die Fruchtreste gründlich ausdrücken. ■ Die Avocados halbieren, entkernen und das Fruchtfleisch mit einem Löffel herausheben. In Spalten schneiden, mit dem Grapefruitsaft beträufeln und mit Salz und Pfeffer würzen. ■ Den Feldsalat verlesen, gründlich waschen und trocken schleudern. Gurken waschen und mit der Schale hauchdünn hobeln. ■ Dann Feldsalat und Gurkenscheiben auf zwei Tellern verteilen und locker mischen, Grapefruitfilets und Avocadospalten darauf anrichten. Den übrigen Grapefruitsaft mit Salz und Pfeffer verrühren, das Olivenöl kräftig einarbeiten und das Dressing über die Salate gießen. ■ Das Forellenfilet in mundgerechte Stücke zerpflücken und auf den Salatportionen verteilen. Den Meerrettich und die Sprossen darüberstreuen und sofort servieren.

Pro Person 442 kcal, EW 23 g, F 32 g, KH 14 g

FENCHELSALAT MIT ORANGE UND ZIEGENFRISCHKÄSE

Zubereitungszeit 30 Minuten

FÜR 2 PERSONEN

2 kleine Bioorangen
(à 130 g, ergibt 160 g Filets und Saft)
4–5 kleine Fenchelknollen
(insg. 700 g, geputzt 500 g)
30 ml Olivenöl (6 TL)
30 ml Apfelessig (6 TL)
Salz
frisch gemahlener schwarzer Pfeffer
150 g Ziegenfrischkäse-Taler (40 % Fett)
3–4 Stängel Estragon (5 g Blätter; alternativ glatte Petersilie)

Die Orangen heiß waschen, trocknen und die Schalen abreiben. Die Früchte so schälen, dass die weiße Haut mit entfernt wird. Mit einem scharfen Messer die Filets aus den Trennwänden herauslösen und dabei den Saft auffangen. Die Fruchtreste gründlich ausdrücken. ■ Fenchelknollen putzen, jeweils die äußere Schicht entfernen und die Stängel abschneiden. Das Fenchelgrün abbrausen, trocken tupfen, hacken und beiseitestellen. Die Knollen senkrecht vierteln und die Strünke herausschneiden. Dann quer in 2–3 mm dünne Streifen schneiden. ■ Das Öl in einem Topf erhitzen und die Fenchelstreifen darin bei gut mittlerer Hitze 3–4 Minuten andünsten, dabei öfter umrühren, denn die Streifen sollen keine Farbe annehmen. Essig und Orangensaft zugießen und abgedeckt bei kleiner Hitze je nach Dicke der Fenchelstreifen 4–6 Minuten bissfest garen. Salzen, pfeffern und lauwarm abkühlen lassen. ■ Den Fenchel auf zwei Teller verteilen. Die Ziegenfrischkäse-Taler waagerecht in jeweils drei dünne Scheiben schneiden und mit den Orangenfilets auf dem Salat anrichten. Mit Orangenabrieb bestreuen und dann mit dem aufgefangenen Saft beträufeln. ■ Den Estragon abbrausen, die Blätter abzupfen, trocken tupfen und hacken. Mit dem Fenchelgrün über die Salate streuen.

TIPP Für eine herzhafte Variante 40 g schwarze Oliven erst vom Stein und dann in Scheiben schneiden und unter den Salat mischen. Die Nährwerte betragen dann pro Person: 495 kcal, EW 23 g, F 38 g, KH 15 g.

Pro Person 439 kcal, EW 11 g, F 40 g, KH 9 g

GRAPEFRUIT-AVOCADO-SALAT MIT FETA

Zubereitungszeit 25 Minuten

FÜR 2 PERSONEN

½ TL Fenchelsamen
10 g geschälte Sesamsaat (3 TL)
1 pinke Grapefruit (ca. 300 g, ergibt 140 g Filets und Saft)
1 ½ Avocados oder 1 große Avocado (150 g Fruchtfleisch)
Salz
frisch gemahlener schwarzer Pfeffer
25 g Babyspinat (geputzt 20 g)
einige Radicchioblätter (30 g)
3–4 Stängel Basilikum (5 g Blätter)
100 g Feta (48 % Fett)
15 ml Olivenöl (3 TL)

Fenchelsamen und Sesam in einer Pfanne ohne Fettzugabe rösten, bis sie duften. Vom Herd nehmen und abkühlen lassen. ■ Die Grapefruit so schälen, dass die weiße Haut mit entfernt wird. Die Filets aus den Trennwänden herausschneiden, dabei den Saft auffangen. Fruchtreste gründlich ausdrücken. ■ Die Avocados halbieren, entkernen und das Fruchtfleisch mit einem Löffel herausheben. In Spalten schneiden, mit dem Grapefruitsaft beträufeln und mit Salz und Pfeffer würzen. ■ Den Spinat verlesen, die Stiele abknipsen, dann waschen und trocken schleudern. Die Radicchioblätter abbrausen, trocken tupfen und in Streifen schneiden. Basilikum ebenfalls abbrausen, die Blättchen abzupfen und trocken tupfen. Spinat, Radicchio und Basilikum auf zwei Teller geben und locker mischen. ■ Den Feta etwa 1 cm groß würfeln. Die Fetawürfel mit Grapefruitfilets und Avocado auf den Salaten anrichten und das Öl darüberträufeln. ■ Mit gerösteten Fenchelsamen und Sesam bestreuen und sofort servieren.

Pro Person 346 kcal, EW 19 g, F 27 g, KH 6 g

GRÜN-WEISSER SPARGELSALAT MIT EI

Zubereitungszeit 35 Minuten plus eventuell 30 Minuten Marinierzeit

FÜR 2 PERSONEN

Salz
400 g weißer Spargel (geschält 280 g)
200 g grüner Spargel (geschält 150 g)
4 Eier (Größe M)
10 ml Zitronensaft (2 TL)
5 g Dijonsenf (1 TL)
frisch gemahlener schwarzer Pfeffer
15 ml Walnussöl (3 TL)
15 ml Rapsöl (3 TL)
1 ½ TL abgeriebene Biozitronenschale
4–5 Stängel glatte Petersilie (10 g Blätter)

Etwas Salzwasser in einem großen Topf zum Kochen bringen und den Dämpfeinsatz einsetzen – er sollte das Wasser nicht berühren. ■ Den weißen Spargel schälen, die holzigen Enden abschneiden und abspülen. Die Stangen je nach Länge quer halbieren oder dritteln, die oberen Hälften mit den Spitzen je nach Dicke längs halbieren oder dritteln und die unteren Spargelhälften je nach Dicke längs halbieren oder vierteln. Es sollten mundgerechte, etwa gleich dicke Stücke sein. ■ Vom grünen Spargel nur das untere Drittel schälen, die holzigen Enden abschneiden und abspülen. Dann wie beim weißen Spargel zurechtschneiden. ■ Zuerst alle unteren Spargelstücke in den Dämpfkorb füllen und je nach Dicke 5–7 Minuten dämpfen. Dann die oberen Stücke und Spargelspitzen dazugeben und weitere 5–7 Minuten dämpfen, bis der Spargel bissfest gar ist. ■ Inzwischen die Eier in kochendem Wasser 7 Minuten wachsweich oder 10 Minuten hart kochen. Dann kalt abschrecken, pellen und halbieren. ■ Den Dämpfeinsatz mit dem Spargel herausheben, kalt abschrecken und abtropfen lassen. ■ Den Zitronensaft mit dem Senf verrühren und mit Salz und Pfeffer würzen. Nach und nach beide Öle kräftig einarbeiten, dann die Zitronenschale unterrühren. ■ Spargel in eine Schüssel geben, das Dressing darübergießen und am besten 30 Minuten marinieren, dabei öfter wenden. ■ Petersilie abbrausen, trocken tupfen, hacken und unter den Spargel mischen. Spargelsalat auf zwei Teller verteilen und die Eierhälften auf dem Salat anrichten.

TIPP Den Spargel mit 20 g geschälten Hanfsamen bestreuen und die Eierhälften daraufsetzen. Die Nährwerte betragen dann pro Person: 410 kcal, EW 22 g, F 33 g, 6 g KH.

Pro Person 416 kcal, EW 16 g, F 33 g, KH 14 g

SALAT

GRÜNER SPARGELSALAT MIT WASSERMELONE UND FETA

Zubereitungszeit 25 Minuten

FÜR 2 PERSONEN

Salz
500 g grüner Spargel (geschält, geputzt 370 g)
1–2 Scheiben Wassermelone (200 g Fruchtfleisch)
150 g Feta (48 % Fett)
15 ml Balsamico-Essig (3 TL)
Salz
frisch gemahlener schwarzer Pfeffer
30 ml Olivenöl (6 TL)
1–2 Prisen Chiliflocken
2–3 Stängel Basilikum (4 g Blätter)

Etwas Salzwasser in einem großen Topf zum Kochen bringen. Den Dämpfeinsatz einsetzen – er sollte das Wasser nicht berühren. ■ Den Spargel im unteren Drittel schälen, die holzigen Enden wegschneiden und abspülen. Die Stangen je nach Länge quer halbieren oder dritteln. Es sollten mundgerechte und etwa gleich dicke Stücke sein. ■ Zuerst die unteren Spargelstücke in den Dämpfkorb füllen und je nach Dicke 5–7 Minuten dämpfen. Dann die oberen Stücke und Spargelspitzen zugeben und weitere 4–6 Minuten dämpfen, bis der Spargel bissfest gar ist. ■ In der Zwischenzeit die Melonenscheiben schälen, würfeln und die Kerne entfernen. Den Feta trocken tupfen und klein würfeln. Essig mit Salz und Pfeffer verrühren, dann das Öl kräftig einarbeiten. ■ Den Dämpfeinsatz mit dem Spargel herausheben, kalt abschrecken und abtropfen lassen – so behält er seine grüne Farbe. ■ Spargel, Melone und Feta in eine Schüssel geben und vermischen. Das Dressing darübergießen, vorsichtig wenden und mit den Chiliflocken bestreuen. ■ Das Basilikum abbrausen, die Blätter abzupfen und trocken tupfen. Den Salat auf zwei Teller verteilen, die Basilikumblätter darüber verteilen und servieren.

TIPP Für etwas Extracrunch 25 g Kürbiskerne in einer Pfanne ohne Fettzugabe rösten, bis es knistert und die Kürbiskerne sich etwas aufblähen. Etwas abkühlen lassen, grob hacken und über den Salat streuen. Die Nährwerte betragen dann pro Person: 488 kcal, EW 20 g, F 39 g, KH 15 g.

Pro Person 437 kcal, EW 39 g, F 25 g, KH 7 g

SALAT

HÄHNCHENSALAT MIT EI UND GERÖSTETEN SONNENBLUMENKERNEN

Zubereitungszeit 30 Minuten

FÜR 2 PERSONEN

2 kleine Hähnchenbrustfilets (insg. 220 g)
Salz
5 g Kokosöl oder Butterschmalz (1 TL)
1–2 Prisen Cayennepfeffer
2 Eier (Größe M)
30 g Sonnenblumenkerne
50 g Feldsalat (geputzt 40 g)
150 g Eisbergsalat
100 g kleine Cocktailtomaten
frisch gemahlener schwarzer Pfeffer
10 g Dijonsenf (2 TL)
100 g griechischer Naturjoghurt (10 % Fett)
10 ml Leinöl (2 TL)

Den Backofen auf 150 °C Ober-/Unterhitze vorheizen und eine Auflaufform hineinstellen. ■ Die Hähnchenbrustfilets von Fett und Sehnen befreien, kalt abspülen, trocken tupfen und salzen. ■ Das Kokosöl in einer Pfanne erhitzen und die Filets darin bei mittlerer Hitze von beiden Seiten insgesamt 3–4 Minuten goldbraun anbraten. Mit dem Cayennepfeffer würzen, in die heiße Auflaufform geben und im vorgeheizten Ofen 12–15 Minuten fertig garen. (Der Bratsatz in der Pfanne wird noch verwendet!) ■ Inzwischen die Eier in kochendem Wasser 8 Minuten wachsweich kochen. Dann kalt abschrecken, pellen und halbieren oder vierteln. ■ Die Sonnenblumenkerne in einer anderen Pfanne ohne Fettzugabe goldbraun rösten und abkühlen lassen. ■ Den Feldsalat putzen, waschen und trocken schleudern. Vom Eisbergsalat die äußeren Blätter entfernen, dann in Streifen schneiden. Die Tomaten waschen, halbieren und die Stielansätze wegschneiden. Dann salzen und pfeffern. Feldsalat, Eisbergsalat und Tomaten auf zwei Teller verteilen und locker mischen. ■ Für das Dressing den Bratsatz in der Pfanne mit 3 TL Wasser lösen. Die Auflaufform aus dem Ofen nehmen und den ausgetretenen Fleischsaft ebenfalls in die Pfanne geben. Dann den Senf einrühren, den Joghurt dazugeben und mit Salz und Pfeffer würzen. Zum Schluss das Leinöl einrühren. ■ Die Hähnchenfilets aufschneiden und mit den Eiern auf dem Salat anrichten. Das Dressing darüberträufeln und mit den Sonnenblumenkernen bestreuen.

Pro Person 374 kcal, EW 29 g, F 24 g, KH 10 g

LACHSFILET AUF ROHKOSTSALAT

Zubereitungszeit 30 Minuten

FÜR 2 PERSONEN

Für den Lachs
300 g Lachsfilet aus der Mitte (ohne Haut; geputzt 260 g)
5 ml Olivenöl (1 TL)
frisch gemahlener schwarzer Pfeffer
1 TL abgeriebene Biozitronenschale
Flockensalz

Für den Salat
1 Karotte (120 g, geschält 100 g)
½ Kohlrabi (möglichst den zarten oberen Teil; geschält 125 g)
3–4 Minigurken (125 g)
ca. 25 Schnittlauchhalme (10 g)

Für das Dressing
150 g griechischer Naturjoghurt (10 % Fett)
15 g Dijonsenf (3 TL)
10 ml Leinöl (2 TL)
5 ml weißer Balsamico-Essig (1 TL)
Salz
frisch gemahlener schwarzer Pfeffer
1–2 Msp. gemahlener Ceylon-Zimt
1–2 Prisen Cayennepfeffer

Den Backofen auf 75–80 °C Umluft vorheizen. ■ Für den Lachs vom Lachsfilet eventuelle restliche Gräten sowie das graue Fett entfernen. Kalt abbrausen, trocken tupfen und in zwei gleich große Stücke schneiden. ■ Das Öl auf einen großen Teller träufeln und die Lachsstücke darin wenden. Mit Pfeffer würzen und mit der Zitronenschale bestreuen. Ein Stück Frischhaltefolie fest über den Teller spannen. Den Teller auf den Backofenrost (mittlere Schiene) setzen und im vorgeheizten Ofen 20–22 Minuten garen. Der Lachs sollte dann innen noch glasig und sehr zart sein. ■ Inzwischen für den Salat Karotte und Kohlrabi schälen, abspülen und auf einer Julienne-Reibe in sehr feine, streichholzgroße Stifte hobeln. Die Gurken waschen, trocken reiben und mit der Schale hauchdünn hobeln. Die Gemüsestifte in eine Schüssel geben und locker mischen. ■ Den Schnittlauch abbrausen, trocken tupfen und einige Stiele zum Garnieren beiseitelegen. Den Rest in feine Röllchen schneiden und unter das Gemüse mischen. ■ Für das Dressing den Joghurt mit Senf, Öl und Essig verrühren und mit Salz, Pfeffer und Zimt abschmecken. Nach Belieben mit Cayennepfeffer schärfen. ■ Das Dressing über das Gemüse träufeln, vermischen und auf zwei Teller verteilen. ■ Die Lachsstücke aus dem Ofen nehmen, auf dem Rohkostsalat anrichten, mit Flockensalz bestreuen und mit dem beiseitegelegten Schnittlauch garnieren.

PECORINO-ARTISCHOCKEN-SALAT

Zubereitungszeit 20 Minuten

FÜR 2 PERSONEN

Für den Salat
2 Eier (Größe M)
35 g Rucola (geputzt 25 g)
100 g Cocktailtomaten
100 g eingelegte Artischockenböden
30 g entsteinte schwarze Oliven
30 g Silberzwiebeln (aus dem Glas)
3–4 Zweige Thymian (1 g Blätter)
100 g Pecorino (in 5 mm dicke Scheiben geschnitten)

Für das Dressing
1–2 Knoblauchzehen (geschält 5 g)
Salz
frisch gemahlener schwarzer Pfeffer
30 ml Olivenöl (6 TL)
15 ml Balsamico-Essig (3 TL)

Für den Salat die Eier in einem Topf mit kochendem Wasser 7 Minuten wachsweich oder 10 Minuten hart kochen. Danach kalt abschrecken, pellen und vierteln oder halbieren. ■ Inzwischen den Rucola verlesen, die Stiele abknipsen, gründlich waschen und trocken schleudern. Die Tomaten waschen, halbieren oder vierteln und die Stielansätze wegschneiden. ■ Die Artischockenböden trocken tupfen und würfeln. Die Oliven in Ringe schneiden. Die Silberzwiebeln abtropfen und trocken tupfen. Den Thymian abbrausen, trocken tupfen und die Blätter abzupfen. ■ Rucola auf zwei Teller verteilen, die Tomaten mit Artischocken und Eiern darauf anrichten. Pecorino in mundgerechte Stücke, zum Beispiel in Dreiecke, schneiden, mit Oliven und Silberzwiebeln auf den Salat geben und mit dem Thymian bestreuen. ■ Für das Dressing die Knoblauchzehe(n) schälen und sehr fein hacken, dann mit Salz und Pfeffer in das Öl rühren und über den Salat träufeln. Nach Belieben vorsichtig mischen. Zum Schluss den Essig darüberträufeln und servieren.

KRÄUTERSALAT MIT POCHIERTEM EI AUF AVOCADO

Zubereitungszeit 20 Minuten

FÜR 2 PERSONEN

75 g Rucola (geputzt 60 g)
10 g Minzblätter (von 5–6 Stängeln Minze)
10 g Dillspitzen (von 6–7 Stängeln Dill)
10 g Petersilienblätter (von ½ Bund glatter Petersilie)
10 g Basilikumblätter (von 7–8 Stängeln Basilikum)
30 ml Olivenöl (6 TL)
2 Eier (Größe M)
1 mittelgroße Avocado (125 g Fruchtfleisch)
10 ml Zitronensaft (2 TL)
Salz
frisch gemahlener grüner Pfeffer
Flockensalz
1–2 Prisen Chiliflocken
1 TL abgeriebene Biozitronenschale

Den Rucola verlesen, die Stiele abknipsen, dann gründlich waschen und trocken schleudern. Die Kräuter waschen, trocken tupfen und grob hacken. In einer Schüssel locker mit dem Rucola mischen und auf zwei Teller verteilen. Einen kleinen Topf 8–10 cm hoch mit Wasser füllen und zum Kochen bringen. Ein Metallsieb hineinhängen oder einen kleinen faltbaren Dämpfkorb hineinstellen. Das verhindert, dass die Eier später den Topfboden berühren. ■ Zwei kleine Tassen mit je einem großen Stück Frischhaltefolie auslegen und mit einigen Tropfen Öl ausstreichen. Die Eier aufschlagen und in jede Tasse vorsichtig ein Ei gleiten lassen. Die Folie oben zusammenfassen und so lange zusammendrehen, bis das Ei relativ fest eingeschlossen ist. Mit Küchengarn zubinden, in das nicht mehr kochende, sondern nur simmernde Wasser geben und 4–5 Minuten pochieren. ■ Inzwischen die Avocado halbieren und entkernen. Auf jeden Teller eine Hälfte setzen, mit ½ TL Zitronensaft beträufeln und mit Salz und Pfeffer bestreuen. Eier aus dem Wasser heben, vorsichtig auspacken und in die Avocadomulden setzen. Etwas Flockensalz und die Chiliflocken darüberstreuen. ■ Restlichen Zitronensaft mit Salz, Pfeffer und Zitronenabrieb verrühren, dann das restliche Öl kräftig einarbeiten und das Dressing über den Salat träufeln. Sofort servieren.

Pro Person 346 kcal, EW 17 g, F 28 g, KH 8 g

ZUCCHINISALAT MIT PARMESAN, SARDELLENFILETS UND MINZE

Zubereitungszeit 25 Minuten

FÜR 2 PERSONEN

20 g Mandelkerne
4–5 kleine feste Zucchini (insg. 500 g, geputzt 470 g)
30 ml Erdnussöl (6 TL; alternativ Sonnenblumenöl)
Salz
frisch gemahlener schwarzer Pfeffer
15 ml Zitronensaft (3 TL)
1 TL abgeriebene Biozitronenschale
½ frische rote Chilischote (geputzt 10 g)
25 g Sardellenfilets in Öl (ca. 8 Stück)
40 g Parmesan am Stück
2–3 Stängel Minze (5 g Blätter)

Die Mandeln in einer Pfanne ohne Fettzugabe rösten, bis sie etwas bräunen. Dann abkühlen lassen. ■ Die Zucchini putzen, waschen und in kurze, 5 mm dicke Streifen hobeln. ■ Das Öl in einer Pfanne erhitzen und die Zucchinistreifen darin bei mittlerer Hitze unter ständigem Rühren 2½–3 Minuten braten. Salzen und pfeffern, in eine Schüssel geben und abkühlen lassen. ■ Den Zitronensaft zum öligen Garsudrest in die Pfanne geben und verrühren. Zitronenabrieb zugeben, über die Zucchini gießen und vermengen. Zucchinistreifen auf zwei Teller verteilen. ■ Die Chilischote waschen und in schmale Ringe schneiden, die Kerne dabei entfernen. ■ Die Sardellenfilets auf Küchenpapier abtropfen lassen und klein schneiden. Den Parmesan mit dem Sparschäler in Spänen abziehen und die gerösteten Mandeln grob hacken. ■ Chili, Sardellen, Parmesan und Mandeln auf den Salatportionen verteilen. ■ Minze abbrausen, trocken tupfen, die Blätter abzupfen, über den Zucchinisalat streuen und servieren.

TIPP Für eine feine Ergänzung 20 g schwarze Oliven vom Stein schneiden (15 g ohne Stein), hacken und zum Salat geben. Die Nährwerte betragen dann pro Person: 372 kcal, EW 18 g, F 30 g, KH 8 g.

TIPP Champignon-Frischkäse-Dip eignet sich auch als Sauce zu Gemüsenudeln. Dafür den Dip einfach mit 50 ml Milch (3,5 % Fett) glatt rühren, erhitzen und über die gekochten Gemüsenudeln geben. Pro Person: 218 kcal, EW 8 g, F 19 g, KH 4 g.

Pro Person 266 kcal, EW 8 g, F 24 g, KH 5 g

GURKEN-MEERRETTICH-DIP

Zubereitungszeit 10 Minuten

FÜR 2 PERSONEN

150 g Frischkäse (16 % Fett, ohne Zusatzstoffe)
15 g Meerrettich (aus Glas oder Tube)
2–3 Minigurken (100 g)
1 Kästchen Gartenkresse
1 TL abgeriebene Biozitronenschale
Salz
frisch gemahlener grüner Pfeffer
2 Stängel Basilikum (3 g Blätter)
10 ml Olivenöl (2 TL)

Frischkäse und Meerrettich in einer Schüssel glatt rühren. ■ Die Gurken waschen und ungeschält in sehr feine Streifen hobeln. Dann die Gurkenstreifen klein würfeln. ■ Die Kresse vom Beet schneiden, abbrausen, trocken tupfen und mit den Gurkenwürfelchen unter den Meerrettichfrischkäse mischen. Zitronenabrieb einrühren und mit Salz und Pfeffer würzen.■ Basilikumblätter von den Stielen zupfen, abbrausen, trocken tupfen und sehr fein hacken. Mit einer Prise Salz in den Mörser geben und zu einer Paste verreiben. Zum Schluss das Öl einarbeiten. ■ Den Gurken-Meerrettich-Frischkäse in eine Schale füllen und das Basilikumöl darüberträufeln.

Pro Person 202 kcal, EW 7 g, F 18 g, KH 3 g

CHAMPIGNON-FRISCHKÄSE-DIP

Zubereitungszeit 20 Minuten

FÜR 2 PERSONEN

250 g braune Champignons (geputzt 200 g)
1–2 Schalotten (geschält 30 g)
10 g Butterschmalz
Salz
frisch gemahlener schwarzer Pfeffer
100 g Doppelrahmfrischkäse
5 ml Zitronensaft (1 TL)
1 TL abgeriebene Biozitronenschale
1–2 Prisen Cayennepfeffer
2–3 Stängel glatte Petersilie (5 g Blätter)

Die Pilze trocken putzen und etwa 1 cm groß würfeln. Die Schalotten schälen und hacken. ■ Eine große Pfanne ohne Fettzugabe erhitzen und die Pilze darin bei hoher Hitze etwa 3 Minuten unter Rühren braten, bis die ausgetretene Flüssigkeit verdampft ist. Die Pilze an den Pfannenrand schieben, das Butterschmalz hineingeben und die Schalotten darin andünsten. Dann mit den Pilzen mischen und nochmals 1–2 Minuten braten. Vom Herd nehmen, etwas abkühlen lassen, mit Salz und Pfeffer würzen. ■ Die Pilzmischung in einen hohen Mixbecher geben, den Frischkäse zufügen und mit dem Stabmixer nicht allzu fein pürieren – der Dip soll noch leicht stückig sein. Zitronensaft und -abrieb mit Cayennepfeffer einrühren. ■ Die Petersilie abbrausen, trocken tupfen und hacken. Die Hälfte der Petersilie unter den Dip mischen und in eine Schale füllen. Abschließend den Champignon-Frischkäse-Dip mit der restlichen Petersilie bestreuen.

Pro Person 446 kcal, EW 34 g, F 31 g, KH 7 g

BROKKOLIPFANNE MIT AVOCADO UND STEAKSTREIFEN

Zubereitungszeit 25 Minuten

FÜR 2 PERSONEN

Für das Fleisch

1 Rumpsteak (230 g, ca. 3 cm dick)
5 ml Erdnussöl (1 TL; alternativ Sonnenblumenöl)
Salz
frisch gemahlener schwarzer Pfeffer

Für das Gemüse

1 Brokkoli (500 g, geputzt 350 g Brokkoliröschen)
125 g kleine Cocktailtomaten
1 mittelgroße Avocado (120 g Fruchtfleisch)
20 g Kokosöl (4 TL)
15 ml Sojasauce (z. B. Tamari; 3 TL)
1–2 Prisen Chiliflocken
Salz
frisch gemahlener schwarzer Pfeffer

TIPP Sollte das Fleisch zu roh erscheinen: Es gart auf dem heißen Gemüse noch etwas nach.

Das Rumpsteak 30 Minuten vor der Verwendung aus dem Kühlschrank nehmen. ■ Den Backofen auf 140 °C Ober-/Unterhitze vorheizen und eine Auflaufform hineinstellen. ■ Den Brokkoli in sehr gleichmäßige, kleine Röschen schneiden, abbrausen und abtropfen lassen. Die Tomaten waschen, halbieren und den Stielansatz wegschneiden. Die Avocado schälen, entkernen und das Fruchtfleisch etwa 2 cm groß würfeln. ■ Das Öl in einer großen Pfanne stark erhitzen. Das Fleisch trocken tupfen, salzen und im heißen Öl auf jeder Seite 1 Minute anbraten, danach auch die Seiten anbraten. Das Fleisch pfeffern, in die heiße Auflaufform geben und im vorgeheizten Ofen 12 Minuten nachgaren. ■ Inzwischen in derselben Pfanne das Kokosöl erhitzen, die Brokkoliröschen hineingeben und 6–7 Minuten bei gut mittlerer Hitze rührbraten. Die Tomaten dazugeben und 3 weitere Minuten rührbraten. ■ Die Sojasauce und 3 TL Wasser dazugießen und bei kleiner Hitze nochmals 2–3 Minuten dünsten, bis der Brokkoli bissfest gar ist. Die Avocadowürfel zugeben und nur noch miterwärmen. Mit den Chiliflocken bestreuen und mit Salz und Pfeffer abschmecken. ■ Das Fleisch aus dem Ofen nehmen. Falls das Gemüse noch nicht gar ist, das Fleisch kurz in Alufolie wickeln und ruhen lassen. Dann in dünne Streifen schneiden. ■ Das Gemüse auf zwei Teller verteilen. Den ausgetretenen Fleischsaft über das Gemüse gießen und die Fleischstreifen auf dem Gemüse anrichten.

PAPRIKA-HACKFLEISCH-PFANNE MIT BOHNEN UND FETA

Zubereitungszeit 25 Minuten

FÜR 2 PERSONEN

200 g grüne Bohnen (geputzt 175 g)
Salz
1 Msp. Backpulver oder Natron
200 g Pastinake (geschält 150 g)
1 rote Paprikaschote (175 g, geschält und geputzt 125 g)
10 ml Erdnussöl (2 TL)
200 g Rinderhackfleisch
15 ml Sojasauce (z. B. Tamari; 3 TL)
15 g Tomatenmark (3 TL)
100 ml Milch (3,5 % Fett)
1 TL Delikatess-Paprikapulver
1–2 Prisen gemahlener Kreuzkümmel (Cumin)
frisch gemahlener schwarzer Pfeffer
50 g Feta (48 % Fett)

Wasser in einem Topf zum Kochen bringen. Die Bohnen putzen, dritteln, abbrausen und mit etwas Salz und Backpulver (für die grüne Farbe) ins kochende Wasser geben. 5–8 Minuten garen, dann in ein Sieb abgießen. ■ Inzwischen die Pastinake schälen und etwa 1,5 cm groß würfeln. Die Paprikaschote schälen, vierteln, entkernen, waschen und in 2 cm große Stücke oder in Streifen schneiden. ■ Das Öl in einer großen Pfanne erhitzen. Die Pastinake dazugeben und unter Rühren 2 Minuten goldbraun anbraten. Die Paprika hinzufügen und 2 Minuten unter Rühren mitbraten. ■ Das Gemüse an den Pfannenrand schieben. Das Hackfleisch in die Mitte der Pfanne geben und 2–3 Minuten anbraten, dabei mit dem Kochlöffel zerdrücken. ■ Mit der Sojasauce beträufeln und mit dem Gemüse mischen. Das Tomatenmark einrühren, dann die Milch angießen und nochmals 2 Minuten köcheln lassen. ■ Paprikapulver und Kreuzkümmel dazugeben, mit Salz und Pfeffer abschmecken. ■ Die grünen Bohnen unterheben. Den Feta darüberbröseln und sofort servieren.

Pro Person 432 kcal, EW 27 g, F 32 g, KH 10 g

GEFÜLLTE ZUCCHINI MIT KÄSE-NUSS-KRUSTE

Zubereitungszeit 30 Minuten plus 15 Minuten Backzeit

FÜR 2 PERSONEN

Für Zucchini und Füllung

2 feste, möglichst gerade Zucchini (à 250 g, geputzt und ausgekratzt insg. 350 g)
15 ml Erdnuss- oder Sonnenblumenöl (3 TL)
Salz
frisch gemahlener schwarzer Pfeffer
75 g griechischer Naturjoghurt (10 % Fett)
1 TL Delikatess-Paprikapulver
3–4 Frühlingszwiebeln (geputzt 40 g)
50 g Cocktailtomaten
100 g Rinderhackfleisch
100 g Beefsteakhackfleisch
1–2 Msp. gemahlener Kreuzkümmel (Cumin)
10 ml Sojasauce (z. B. Tamari; 2 TL)
10 g Tomatenmark (2 TL)

Für die Kruste

½ Bund glatte Petersilie (10 g Blätter)
40 g Käse (z. B. mittelalter Gouda)
25 g Walnusskerne

Den Backofen auf 180 °C Umluft vorheizen. ■ Die Zucchini putzen, waschen, längs halbieren und das weiche Innere mit einem kleinen Löffel herauskratzen. Mit 1 TL Öl bestreichen, in eine Auflaufform legen und mit Salz und Pfeffer bestreuen. Im vorgeheizten Ofen 15–20 Minuten vorbacken. ■ Für die Füllung den Joghurt mit Salz, Pfeffer, 1–2 Msp. Paprikapulver und 1 TL Öl verrühren. Die Frühlingszwiebeln putzen, weiße und grüne Teile getrennt in Ringe schneiden. Tomaten waschen, vierteln und die Stielansätze wegschneiden. ■ Für die Kruste die Petersilie abbrausen, trocken tupfen und hacken. Den Käse reiben und die Walnusskerne fein hacken. Petersilie, Käse und Walnüsse vermischen. ■ Das restliche Öl in einer Pfanne erhitzen, beide Hackfleischsorten mit den weißen Frühlingszwiebelringen dazugeben und bei hoher Hitze 3 Minuten unter Rühren anbraten, dabei das Fleisch nicht ganz durchbraten. Grüne Frühlingszwiebelringe dazugeben, mit Salz, Pfeffer, restlichem Paprikapulver und Kreuzkümmel würzen, dann Sojasauce und Tomatenmark einrühren. ■ Die Auflaufform aus dem Ofen nehmen. Zuerst die Joghurtmischung, dann die Fleischmischung in die Zucchini füllen, mit den Tomatenvierteln belegen, mit der Krustenmischung bestreuen und etwas festdrücken. Wieder in den Ofen geben und weitere 15 Minuten backen. ■ Herausnehmen und gefüllte Zucchini sofort servieren.

Pro Person 425 kcal, EW 35 g, F 30 g, KH 4 g

GEFÜLLTE HÄHNCHENBRUST AUF SALATBETT

Zubereitungszeit 45 Minuten

FÜR 2 PERSONEN

30 g Pinienkerne
75 g Babyspinat (geputzt 70 g)
2 Hähnchenbrustfilets (à 125 g)
40 g Feta (48 % Fett)
frisch gemahlener schwarzer Pfeffer
1–2 Prisen Chiliflocken
1 TL abgeriebene Biozitronenschale
30 ml Erdnuss- oder Sonnenblumenöl (6 TL)
Salz
1 Miniromanasalatherz (geputzt 75 g)
10 ml Zitronensaft (2 TL)
5 g Dijonsenf (1 TL)

Die Pinienkerne in einer Pfanne ohne Fettzugabe goldgelb rösten und abkühlen lassen. ■ Den Spinat verlesen, die Stiele abknipsen, gründlich waschen und trocken schleudern. Eine kleine Handvoll Spinat grob hacken, den Rest ganz lassen. ■ Den Backofen auf 140 °C Ober-/Unterhitze vorheizen und eine Auflaufform hineinstellen. Die Hähnchenbrustfilets von Fett und Sehnen befreien, kalt abspülen und trocken tupfen. An den dickeren Seiten jeweils eine Tasche einschneiden. ■ Den Feta in eine Schüssel krümeln. Gehackten Spinat, die Hälfte der Pinienkerne und etwas Pfeffer hinzufügen und vermischen. Chiliflocken und Zitronenabrieb dazugeben und vermengen. Die Mischung in die Taschen füllen und die Filets mit kleinen Holzspießen verschließen. ■ Eine Pfanne mit 1 TL Öl ausstreichen und erhitzen. Die Filets salzen und in der Pfanne 3–4 Minuten goldbraun anbraten. In die heiße Auflaufform legen und im vorgeheizten Ofen 12–15 Minuten fertig garen. ■ Inzwischen den restlichen Spinat auf zwei Teller verteilen. Den Romanasalat waschen, trocken tupfen und quer in Streifen schneiden. Zum Spinat geben und locker mischen. Zitronensaft mit Senf, Salz und Pfeffer verrühren, dann das restliche Öl kräftig einarbeiten. ■ Die Hähnchenfilets aus dem Ofen nehmen und kurz ruhen lassen. Dann aufschneiden und auf den Salatbetten anrichten. Ausgetretenen Fleischsaft zum Dressing geben und über den Salat träufeln. Zum Schluss die restlichen Pinienkerne darüberstreuen.

Pro Person 521 kcal, EW 39 g, F 35 g, KH 12 g

KURKUMA-KOKOS-HÄHNCHEN MIT GEMÜSE UND MACADAMIANÜSSEN

Zubereitungszeit 30 Minuten

FÜR 2 PERSONEN

1 Brokkoli (450 g, geputzt 300 g Brokkoliröschen)
2 gelbe Paprikaschoten (insg. 350 g, geschält und geputzt 200 g)
2–3 rote Zwiebeln (insg. 120 g, geschält 100 g)
1–2 Knoblauchzehen (geschält 5 g)
250 g Hähnchenbrustfilet
20 g Kokosöl (4 TL)
Salz
150 ml Fleisch-, Hühner- oder Gemüsebrühe
100 ml Kokosmilch (siehe auch Tipp)
2 TL gemahlene Kurkuma
frisch gemahlener schwarzer Pfeffer
1–2 Prisen Chiliflocken oder Cayennepfeffer (nach Belieben)
25 g geröstete und gesalzene Macadamianusskerne

Brokkoliröschen abschneiden, in mundgerechte Stücke teilen, abbrausen und abtropfen. Paprikaschoten schälen, halbieren, entkernen, abspülen und in knapp 1 cm dicke Streifen schneiden. Die Zwiebeln schälen, längs halbieren und in Streifen schneiden. Die Knoblauchzehe(n) schälen und hacken. ■ Das Hähnchenbrustfilet von Fett und Sehnen befreien, kalt abspülen, trocken tupfen und quer zur Faser in Streifen schneiden. ■ 10 g Kokosöl in einer Pfanne erhitzen. Die Fleischstreifen salzen und im heißen Öl bei mittlerer bis hoher Hitze 3–4 Minuten anbraten, bis sie goldbraun sind, dabei öfter wenden. Das Fleisch auf einen Teller legen, abdecken und beiseitestellen. ■ Die Brühe mit der Kokosmilch verrühren. Das restliche Kokosöl in der gleichen Pfanne erhitzen und die Zwiebeln darin unter Rühren bei mittlerer Hitze 1–2 Minuten anbraten. Brokkoli zugeben und 2 Minuten rührbraten. Die Paprikastreifen hinzufügen und 1 weitere Minute anbraten. Den Knoblauch einrühren und mit der Brühemischung ablöschen. Aufkochen und abgedeckt 5 Minuten köcheln lassen, bis das Gemüse knapp gar ist. ■ Das Fleisch zugeben und 2 Minuten in dem Gemüse erwärmen. Die Kurkuma einrühren, mit Salz und Pfeffer würzen und nach Belieben mit den Chiliflocken schärfen. ■ Zum Schluss die Macadamianüsse grob hacken und über das Gericht streuen.

TIPP Kaufen Sie hochprozentige Kokosmilch (70–90 % Kokosnussanteil) ohne Bindemittel und Zusatzstoffe. Diese Kokosmilch ist viel ergiebiger und wird entsprechend mit etwas Brühe verdünnt. Übrig bleibende Kokosmilch gut durchrühren, portionsweise in kleine Gefrierdosen à 50 ml oder 100 ml füllen und einfrieren.

Pro Person 433 kcal, EW 39 g, F 25 g, KH 12 g

HÄHNCHEN MIT BLUMENKOHL IN FRISCHKÄSE-TOMATEN-SAUCE

Zubereitungszeit 30 Minuten

FÜR 2 PERSONEN

½ Blumenkohl (500 g, geputzt 350 g Blumenkohlröschen)
100 g Cocktailtomaten
2 Hähnchenbrustfilets (à 125 g)
Salz
20 g Kokosöl (4 TL)
frisch gemahlener schwarzer Pfeffer
100 ml Gemüsebrühe
100 ml Milch (3,5 % Fett)
50 g Tomatenmark
100 g Doppelrahmfrischkäse
10 ml Sojasauce (z. B. Tamari; 2 TL)
½ TL Delikatess-Paprikapulver
1–2 Prisen Cayennepfeffer
2 dünne Frühlingszwiebeln (geputzt 20 g)

Den Blumenkohl waschen und in gleichmäßige, etwa 1,5 cm große Stücke schneiden (siehe auch Tipp). Die Tomaten waschen. ■ Die Hähnchenbrustfilets von Fett und Sehnen befreien, kalt abspülen und trocken tupfen. Die dickeren Seiten etwas flach klopfen und salzen. ■ Das Kokosöl in einer Pfanne erhitzen und die Filets darin bei mittlerer Hitze 3–4 Minuten rundum goldbraun anbraten. Anschließend pfeffern und zum Warmhalten in Alufolie wickeln. ■ Inzwischen die Blumenkohlstücke in der gleichen Pfanne unter Rühren 2 Minuten anbraten, ohne dass sie Farbe annehmen. Dann die Tomaten zugeben und 1 Minute mitbraten. ■ Die Brühe angießen, den Deckel auflegen und bei niedriger Hitze 3–4 Minuten garen. ■ Die Milch angießen, Tomatenmark und Frischkäse einrühren. Sojasauce, Paprikapulver und Cayennepfeffer zugeben und mit Salz und Pfeffer würzen. Das Fleisch in die Sauce legen und ohne Deckel 5–6 Minuten köcheln lassen, dabei einmal wenden. ■ Inzwischen die Frühlingszwiebeln putzen, in schmale Ringe schneiden und über das fertige Gericht streuen.

TIPP Die unteren, größeren, festen Röschen kann man gut in Scheiben und dann in Stückchen schneiden. So werden auch die Stiele gleichmäßig gar.

ZUCCHININUDELN IN LIMETTEN-CHILI-KOKOSMILCH MIT HÄHNCHENSTREIFEN UND CASHEWS

Zubereitungszeit 30 Minuten

FÜR 2 PERSONEN

2 feste Zucchini (insg. ca. 400 g, ergibt 350 g Zucchininudeln)
250 g Hähnchenbrustfilet oder -innenfilets
30 g Cashewkerne (Natur oder geröstet und gesalzen)
½ Bund Koriandergrün
1 Stängel Zitronengras (geputzt 15 g)
10 g Kokosöl (2 TL)
Salz
frisch gemahlener grüner Pfeffer
200 ml Kokosmilch (70–90 % Kokosnussanteil)
1–2 Prisen Cayennepfeffer
15 ml Limettensaft (3 TL)
1 TL abgeriebene Biolimettenschale

Außerdem
Spiralschneider

Die Zucchini waschen und mit einem Spiralschneider zu Zoodles (siehe Hinweis) verarbeiten. Alternativ mit dem Sparschäler „Bandnudeln" von den Zucchini abziehen. ■ Das Hähnchenbrustfilet von Fett und Sehnen befreien, kalt abbrausen, trocken tupfen und gegen die Faser in Streifen schneiden. Die Cashewkerne grob hacken. Das Koriandergrün abbrausen, trocken tupfen und mit den zarten Stielen hacken. Vom Zitronengras die äußeren Blätter entfernen. ■ Das Kokosöl in einer Pfanne erhitzen und die Fleischstreifen darin bei gut mittlerer Hitze von jeder Seite 1 Minute anbraten. Mit Salz und Pfeffer würzen, die Kokosmilch angießen und aufkochen. Cayennepfeffer, Limettensaft und -abrieb einrühren und 2 Minuten köcheln lassen. Dann die Zucchininudeln zugeben und 2–3 Minuten darin erhitzen, dabei öfter wenden. ■ Das Zitronengras auf einer scharfen Reibe frisch darüberreiben und noch mal abschmecken. Das Gericht auf zwei Teller verteilen, mit Cashews und Koriander bestreuen und sofort servieren.

Hinweis! Der Begriff „Zoodles" ist eine Wortschöpfung aus Zucchini und Nudeln. Für diese leckeren Low-Carb-Gemüsenudeln werden Zucchini mit dem Spiralschneider zu „Spaghetti" oder „Bandnudeln" geschnitten.

Pro Person 488 kcal, EW 32 g, F 34 g, KH 11 g

SPITZKOHL MIT MINIHACKBÄLLCHEN

Zubereitungszeit 30 Minuten

FÜR 2 PERSONEN

1 kleiner Spitzkohl (geputzt 500 g)
1–2 rote Zwiebeln (100 g, geschält 90 g)
½ Bund glatte Petersilie (10 g Blätter)
250 g Rinderhackfleisch
10 g Tomatenmark (2 TL)
10 g Dijonsenf (2 TL)
5 g Harissa (1 TL; alternativ Chiliflocken)
20 ml Sojasauce (z. B. Tamari; 4 TL)
Salz
frisch gemahlener schwarzer Pfeffer
20 g Butterschmalz (4 TL)

Vom Spitzkohl die äußeren Blätter entfernen. Den Kohl waschen, trocken tupfen, quer in 5 mm breite Streifen schneiden und dann weiter zerkleinern. ■ Die Zwiebeln schälen und fein würfeln. Die Petersilie abbrausen, trocken tupfen und hacken. ■ Das Hackfleisch mit Tomatenmark, Senf, Harissa, 2 TL Sojasauce, Salz und Pfeffer vermengen und aus der Fleischmasse 2 cm große, lockere Bällchen formen (keinesfalls zu fest zusammendrücken!). ■ Das Butterschmalz in einer Pfanne erhitzen und die Bällchen darin bei hoher Hitze rundum 2 Minuten knusprig anbraten. Die Zwiebeln zugeben und 1 Minute mitbraten. Dann den Kohl hinzufügen und unter ständigem Wenden 3–4 Minuten braten, bis der Kohl zusammenfällt. ■ Mit der restlichen Sojasauce beträufeln und vermengen. Dann mit der Petersilie bestreuen, das Gericht auf zwei Teller verteilen und sofort servieren.

Pro Person 527 kcal, EW 23 g, F 44 g, KH 9 g

FETA-GEMÜSE-PÄCKCHEN AUS DEM OFEN

Zubereitungszeit 15 Minuten plus 20 Minuten Backzeit

FÜR 2 PERSONEN

2–3 Frühlingszwiebeln (geputzt 30 g)
2–3 Knoblauchzehen (geschält 10 g)
2 feste schmale Zucchini (270 g, geputzt 250 g)
200 g Cocktailtomaten
2 Zweige Rosmarin (2–3 g Nadeln)
250 g Feta (48 % Fett)
30 ml Olivenöl (6 TL)
Salz
frisch gemahlener schwarzer Pfeffer
1–2 Prisen Chiliflocken

Den Backofen auf 200 °C Ober-/Unterhitze vorheizen und ein Backblech mit Backpapier auslegen. ■ Frühlingszwiebeln putzen, die weißen Teile hacken, die grünen in Ringe schneiden. Knoblauchzehe(n) schälen und hacken. ■ Die Zucchini putzen, längs vierteln, dann schräg in etwa 3 cm lange Stücke schneiden. Die Tomaten waschen, halbieren und die Stielansätze wegschneiden. ■ Den Rosmarin abbrausen, die Nadeln abzupfen und fein hacken. Den Feta 2 cm groß würfeln. ■ Alle vorbereiteten Zutaten in eine Schüssel geben und vermengen. Die Mischung zu gleichen Teilen auf zwei große Stücke Backpapier geben, mit jeweils 15 ml Öl beträufeln, salzen, pfeffern und mit den Chiliflocken bestreuen. ■ Das Backpapier erst an den Längsseiten zusammenfalten, dann die Enden rechts und links verdrehen und mit Küchengarn zubinden. ■ Beide Päckchen nebeneinander auf das vorbereitete Blech legen und im vorgeheizten Ofen auf der mittleren Schiene etwa 20 Minuten backen. ■ Herausnehmen, die Feta-Gemüse-Päckchen auf zwei Teller setzen und servieren.

Vegane Variante

Für eine vegane Variante statt Feta 350 g Räuchertofu verwenden. Die Nährwerte betragen dann pro Person: 482 kcal, EW 35 g, F 32 g, KH 10 g.

Pro Person 446 kcal, EW 36 g, F 30 g, KH 7 g

HAUPTGERICHT VEGETARISCH

BROKKOLI-KÄSE-NOCKEN AUS DEM OFEN

Zubereitungszeit 20 Minuten plus 20–25 Minuten Backzeit

FÜR 2 PERSONEN

Salz
1 Brokkoli (500 g, geputzt 375 g Brokkoliröschen)
2 Eier (Größe M)
frisch gemahlener schwarzer Pfeffer
1–2 Msp. Cayennepfeffer
1–2 Prisen frisch geriebene Muskatnuss
70 g frisch geriebener Parmesan
35 g Mandelmehl (Low Carb)
7 g gemahlene Flohsamenschalen (2 TL)
2 TL abgeriebene Biozitronenschale
1–2 Spritzer Zitronensaft
30 g Butter (6 TL)

TIPP Wenn Sie das Gericht zur Arbeit mitnehmen möchten, dann auf die zerlassene Butter verzichten und stattdessen die kalten Nocken mit einem kleinen Tomatensalat essen. Dazu 200 g Cocktailtomaten in Scheiben schneiden, salzen und pfeffern. Mit 5 g gehacktem Basilikum bestreuen und 2 TL Olivenöl darüberträufeln. Die Nährwerte betragen dann pro Person: 415 kcal, EW 37 g, F 25 g, KH 9 g.

Etwas Salzwasser in einem großen Topf zum Kochen bringen und den Dämpfeinsatz einsetzen; er sollte das Wasser nicht berühren. ■ Brokkoli in Röschen teilen, abbrausen, in den Dämpfeinsatz geben und etwa 10 Minuten dämpfen. ■ Den Backofen auf 180 °C Ober-/Unterhitze vorheizen. ■ Den Dämpfeinsatz mit dem Brokkoli herausheben, kalt abschrecken und abtropfen lassen. ■ Inzwischen die Eier verquirlen und mit Salz, Pfeffer, Cayennepfeffer und Muskat würzen. ■ Den Brokkoli in einen hohen Mixbecher geben, die Eiermasse zugießen und mit dem Stabmixer pürieren. Parmesan und Mandelmehl zufügen und gut untermischen. Dann die Flohsamenschalen zugeben und gründlich vermengen. Zum Schluss Zitronenabrieb und Zitronensaft einarbeiten. ■ Eine Auflaufform mit 5 g Butter ausfetten. Mit zwei Esslöffeln aus der Brokkolimasse etwa 20 Nocken formen und hineinsetzen. Im vorgeheizten Ofen 20–25 Minuten backen. ■ Die restliche Butter in einem kleinen Topf zerlassen und leicht bräunen lassen. Die Auflaufform aus dem Ofen nehmen, die Butter über die heißen Nocken gießen und sofort servieren.

Pro Person 539 kcal, EW 35 g, F 39 g, KH 10 g

HAUPTGERICHT VEGETARISCH

GRATINIERTER BLUMENKOHL

Zubereitungszeit 25 Minuten plus 15–20 Minuten Backzeit

FÜR 2 PERSONEN

Salz
1 Blumenkohl (900 g, geputzt 600 g Blumenkohlröschen)
20 g Butter (4 TL)
50 g Gruyère
60 g Parmesan
150 g Frischkäse (16 % Fett, ohne Zusatzstoffe)
1–2 Prisen Cayennepfeffer
½ TL Delikatess-Paprikapulver
1–2 Prisen frisch geriebene Muskatnuss
frisch gemahlener schwarzer Pfeffer
1 Scheibe Low-Carb-Brot (z. B. Doc Flecks Karotten-Mandel-Brot oder Doc Flecks veganes Mandel-Saaten-Brot, siehe Seite 195 oder 196; ohne Rinde 30 g)
fein gehackte Petersilie zum Garnieren

Den Backofen auf 200 °C Ober-/Unterhitze vorheizen. ■ Salzwasser in einem Topf zum Kochen bringen. Blumenkohl waschen, in gleichmäßig große Röschen teilen und im kochenden Wasser 6–8 Minuten garen. Dann abgießen und etwas ausdampfen lassen. ■ Inzwischen eine Auflaufform mit etwas Butter ausstreichen. Beide Käsesorten separat reiben und die Hälfte des Parmesans für die Kruste beiseitestellen. ■ In einem Topf 30 ml Wasser erhitzen, den Frischkäse einrühren und aufkochen. Nach und nach den geriebenen Käse darin schmelzen und die Sauce 5–6 Minuten dicklich einköcheln lassen. Cayennepfeffer, Paprikapulver und Muskatnuss zugeben und mit Salz und Pfeffer abschmecken. ■ Den vorgegarten Blumenkohl in die vorbereitete Auflaufform legen und mit der Sauce bedecken. ■ Das Brot entrinden und würfeln. Dann mit dem restlichen Parmesan im Blitzhacker zu Krümeln verarbeiten und über den Blumenkohl streuen. ■ Die restliche Butter in kleinen Flöckchen darauf verteilen und im vorgeheizten Ofen 15–20 Minuten goldgelb und knusprig überbacken. ■ Die Auflaufform aus dem Ofen nehmen und das Gericht mit fein gehackter Petersilie bestreuen.

Pro Person 443 kcal, EW 25 g, F 36 g, KH 4 g

HAUPTGERICHT VEGETARISCH

FRITTATA MIT BLATTSPINAT UND CHAMPIGNONS

Zubereitungszeit 35 Minuten

FÜR 2 PERSONEN

2–3 Frühlingszwiebeln (geputzt 30 g)
1–2 Knoblauchzehen (geschält 5 g)
200 g feste Champignons (geputzt 150 g)
75 g Babyspinat (geputzt 70 g)
4 Eier (Größe M)
30 g Sahne (Bioprodukt; 6 TL; alternativ ungesüßte Mandelmilch)
Salz
frisch gemahlener schwarzer Pfeffer
50 g mittelalter Gouda oder Cheddar
25 g Kokosöl oder Butterschmalz (5 TL)
1–2 Prisen Chiliflocken

Die Frühlingszwiebeln putzen, die weißen Teile hacken, die grünen in Ringe schneiden. Knoblauchzehe(n) schälen und hacken. ■ Die Champignons trocken putzen, die Stiele abschneiden oder herausdrehen und die Kappen in knapp 5 mm dicke Scheiben schneiden. ■ Den Spinat verlesen, die Stiele abknipsen, gründlich waschen und trocken schleudern. ■ Die Eier mit der Sahne verrühren und mit Salz und Pfeffer würzen. Den Käse fein reiben und untermischen. ■ Das Kokosöl in einer Pfanne erhitzen und die Pilze darin 2–3 Minuten bei mittlerer bis hoher Hitze unter Rühren braten. Gehackte weiße Frühlingszwiebeln und Knoblauch zugeben und 1 Minute mitbraten. Den Spinat hinzufügen und weitere 2 Minuten rührbraten, bis er zusammenfällt. Salzen, pfeffern und mit den Chiliflocken bestreuen. ■ Auf niedrige Hitze reduzieren, die Eier-Käse-Masse über den Pfanneninhalt gießen, den Deckel aufsetzen und 9–10 Minuten sanft stocken lassen, dabei nach der Hälfte der Zeit die grünen Frühlingszwiebelringe darüberstreuen. ■ Die Frittata sofort servieren.

TIPP Dazu passen Tomaten sehr gut. Die Frittata schmeckt auch kalt und eignet sich für eine To-go-Mahlzeit.

Pro Person 325 kcal, EW 16 g, F 27 g, KH 3 g

LOW-CARB-WRAPS

Zubereitungszeit 25 Minuten

FÜR 2 PERSONEN (4 WRAPS)

3 Eier (Größe M) oder 4 Eier (Größe S)
100 g Doppelrahmfrischkäse
Salz
10 g Mandelmehl (Low Carb; 4 TL)
15 g gemahlene Flohsamenschalen (4 TL)
10 ml Erdnuss- oder Sonnenblumenöl (2 TL)

Die Eier mit Frischkäse und einer Prise Salz in einer Schüssel mit dem Schneebesen glatt rühren. Nach und nach 120 ml Wasser einrühren. Dann Mandelmehl und Flohsamenschalen einarbeiten. ■ Eine beschichtete Pfanne (Ø 24 cm) erhitzen und mit ½ TL Öl ausstreichen. Ein Viertel der Teigmasse hineingeben und schnell mit einem Silikonlöffel bis an den Rand verteilen. 1 Minute bei höherer Hitze backen, dann die Temperatur auf knapp mittlere Hitze herunterschalten. Sobald der Wrap am Boden leicht bräunt, mithilfe eines Topfdeckels wenden und zurück in die Pfanne gleiten lassen. Noch ein- bis zweimal wenden. Nach 4–5 Minuten ist der Wrap fertig. ■ Auf die gleiche Weise drei weitere Wraps backen. ■ Die Wraps am besten gleich belegen, aufrollen und servieren (siehe Füllungen) oder zum Mitnehmen in Alufolie wickeln.

TIPP Am besten gleich mit zwei Pfannen arbeiten. Dann reduziert sich die Zubereitungszeit auf 15 Minuten. Wenn auf Vorrat gebacken werden soll: Die Wraps abkühlen lassen, dann auf Frischhaltefolie legen und mit der Folie aufrollen. So lassen sie sich im Kühlschrank 1–2 Tage aufbewahren.

Hinweis! Verwechseln Sie Mandelmehl nicht mit gemahlenen Mandeln. Mandelmehl ist entölt, enthält nur sehr wenige Kohlenhydrate, deutlich weniger Fett und mehr Ballaststoffe. Nicht nur die Nährwerte unterscheiden sich, auch die Konsistenz ist eine andere. Während Mandelmehl sehr fein ist, sind gemahlene Mandeln wesentlich gröber und haben auch ein anderes Backverhalten.

Pro Person 466 kcal, EW 25 g, F 38 g, KH 5 g

… MIT KÄSE UND CHILI

Zubereitungszeit 30 Minuten

FÜR 2 PERSONEN (4 WRAPS)

Für die Füllung
80 g Tomatenmark
15 g Sambal Oelek
60 g geriebener Cheddar
30 g Erbsen- oder Rettichsprossen

Für die Wraps siehe oben

Vier Wraps wie oben beschrieben backen. ■ Tomatenmark mit Sambal Oelek mischen und auf die Wraps streichen. Mit geriebenem Cheddar bestreuen, dann Erbsen- oder Rettichsprossen darüber verteilen und aufrollen.

Pro Person 485 kcal, EW 28 g, F 39 g, KH 4 g

... MIT PILZEN UND ZIEGENFRISCHKÄSE

Zubereitungszeit 40 Minuten

FÜR 2 PERSONEN (4 WRAPS)

Für die Füllung
300 g feste Champignons (geputzt 250 g)
10 g Butterschmalz
1 Schalotte (25 g)
Salz
frisch gemahlener schwarzer Pfeffer
60 g Ziegenfrischkäse (40 % Fett, ohne Rinde)
½ Bund glatte Petersilie (10 g Blätter)

Für die Wraps siehe links

Für die Füllung die Champignons trocken putzen und knapp 5 mm groß würfeln. Butterschmalz in einer Pfanne erhitzen und die Pilze darin bei hoher Hitze unter Rühren 2–3 Minuten braten. ■ Inzwischen die Schalotte schälen, hacken und dazugeben. Salzen, pfeffern und so lange braten, bis die Flüssigkeit in der Pfanne verkocht ist. ■ Ziegenfrischkäse zerbröseln und untermischen. Petersilie waschen, trocken tupfen, hacken und einrühren. ■ Vier Wraps wie links beschrieben backen. Die Pilzmischung gleichmäßig auf die Wraps verteilen und aufrollen.

Pro Person 568 kcal, EW 20 g, F 52 g, KH 5 g

... MIT AVOCADO UND TOMATE

Zubereitungszeit 35 Minuten

FÜR 2 PERSONEN (4 WRAPS)

Für die Füllung
1 große Avocado (150 g Fruchtfleisch)
10 ml Limettensaft (2 TL)
Salz
frisch geriebener schwarzer Pfeffer
Chiliflocken (nach Geschmack)
50 g Doppelrahmfrischkäse
20 g Tomatenmark
80 g Cocktailtomaten
1 kleines Bund Koriandergrün (15 g)

Für die Wraps siehe links

Für die Füllung Avocado halbieren, entkernen, das Fruchtfleisch mit einem Löffel herausheben und mit einer Gabel zerdrücken. Mit Limettensaft beträufeln und mit Salz, Pfeffer und Chiliflocken nach Geschmack würzen. Frischkäse und Tomatenmark untermischen. ■ Cocktailtomaten waschen, die Stielansätze wegschneiden und in dünne Scheiben schneiden. Das Koriandergrün abbrausen, trocken tupfen und mit den Stielen hacken. ■ Vier Wraps wie links beschrieben backen. Die Avocadomischung gleichmäßig auf den vier Wraps verstreichen. Die Tomaten darüber verteilen, das Koriandergrün darüberstreuen und aufrollen.

LOW-CARB-WRAPS MIT PILZEN UND ZIEGENFRISCHKÄSE

... MIT KÄSE UND CHILI

... MIT AVOCADO UND TOMATE

Pro Person 428 kcal, EW 20 g, F 34 g, KH 9 g

HAUPTGERICHT VEGETARISCH

KAROTTEN-RÜHREI MIT CURRY

Zubereitungszeit 30 Minuten

FÜR 2 PERSONEN

350 g dickere Karotten (ergibt 250 g Bandnudeln)
2–3 Frühlingszwiebeln (geputzt 30 g)
3–4 Stängel Dill (5 g Dillspitzen)
5 Eier (Größe M)
30 g Sahne (6 TL)
½ TL gemahlene Kurkuma
½–1 TL Currypulver
1 Msp. Cayennepfeffer
Salz
frisch gemahlener schwarzer Pfeffer
30 g Kokosöl (6 TL)

Die Karotten schälen, abspülen und trocken tupfen. Mit dem Sparschäler möglichst dünne Streifen als „Bandnudeln“ abziehen. ■ Die Frühlingszwiebeln putzen, dann weiße und grüne Teile separat in dünne Ringe schneiden. Den Dill abbrausen, trocken tupfen und die Spitzen hacken. ■ Die Eier verquirlen. Die Sahne mit Kurkuma, Currypulver und Cayennepfeffer vermischen, dann unter die Eier rühren. Mit Salz und Pfeffer würzen. ■ Das Kokosöl in einer großen Pfanne erhitzen. Karotten-Bandnudeln dazugeben und bei hoher Hitze unter Rühren 4–5 Minuten braten, bis sie knapp gar sind. ■ Die Temperatur auf niedrige bis mittlere Hitze reduzieren. Die weißen Frühlingszwiebelringe zugeben und 1 Minute mitbraten. Leicht salzen und pfeffern. Die Eiermasse darübergießen, sanft stocken lassen und vorsichtig verrühren. Die grünen Frühlingszwiebelringe untermischen. ■ Das Karotten-Rührei auf zwei Tellern anrichten und mit dem Dill bestreuen.

TIPP Dazu passt Doc Flecks Karotten-Mandel-Brot (siehe Seite 195) oder Doc Flecks veganes Mandel-Saaten-Brot (siehe Seite 196).

Pro Person 467 kcal, EW 26 g, F 38 g, KH 6 g

OMELETT MIT AUSTERNPILZEN UND CHAMPIGNONS

Zubereitungszeit 25 Minuten

FÜR 2 PERSONEN

Für das Omelett

4 Eier (Größe M)
60 ml Milch (3,5 % Fett)
Salz
frisch gemahlener schwarzer Pfeffer
2 Msp. Delikatess-Paprikapulver
20 g Butter (4 TL)

Für die Füllung

300 g möglichst kleine Austernpilze (geputzt 250 g)
300 g feste Champignons (geputzt 250 g)
1 Bund glatte Petersilie (20 g Blätter)
1 rote Zwiebel (70 g, geschält 60 g)
30 ml Erdnuss- oder Sonnenblumenöl (6 TL)
30 ml Sojasauce (z. B. Tamari; 6 TL)
frisch gemahlener schwarzer Pfeffer
Salz
1–2 Prisen Chiliflocken

Für das Omelett die Eier mit der Milch in einer Schüssel verquirlen und mit Salz, Pfeffer und Paprikapulver würzen. ■ Für die Füllung die Pilze trocken putzen. Von den Austernpilzen die zähen Stiele wegschneiden, dann längs der Lamellen in Streifen auseinanderziehen. Von den Champignons die Stiele abschneiden oder herausdrehen und die Kappen in 5 mm dicke Scheiben schneiden. ■ Die Petersilie abbrausen, trocken tupfen und hacken. Die Zwiebel schälen und fein würfeln. ■ Das Öl in einer großen Pfanne erhitzen und die Pilze darin bei hoher Hitze 2 Minuten rührbraten. Die Zwiebel zugeben und weitere 3 Minuten rührbraten. Die Sojasauce darüberträufeln und so lange weiterbraten, bis die Flüssigkeit eingekocht ist. Vom Herd nehmen, mit Pfeffer würzen und nach Belieben noch leicht salzen. Bis auf 1 EL die gehackte Petersilie unterheben. Während die Pilze gerade anfangen zu braten, in einer zweiten großen Pfanne die Butter zerlassen. Die Eiermasse in die Pfanne gießen und bei niedriger Hitze 3–5 Minuten stocken lassen. Das Omelett soll an der Oberfläche noch leicht feucht sein. ■ Das Omelett auf einen großen Teller gleiten lassen. Auf einer Hälfte die Pilzmischung verteilen, mit den Chiliflocken bestreuen und die andere Hälfte darüberklappen. Dann halbieren, mit der restlichen Petersilie garnieren und sofort servieren.

Pro Person 514 kcal, EW 25 g, F 42 g, KH 10 g

OMELETT MIT RADICCHIO, RUCOLA UND PARMESANSPÄNEN

Zubereitungszeit 30 Minuten

FÜR 2 PERSONEN

Für das Omelett

4 Eier (Größe M)
60 ml Milch (3,5 % Fett)
Salz
frisch gemahlener schwarzer Pfeffer
20 g Butter (4 TL)

Für die Füllung

2 rote Zwiebeln (insg. 120 g, geschält 100 g)
30 g Parmesan
150 g Radicchioblätter
125 g Rucola (geputzt 100 g)
30 ml Olivenöl (6 TL)
30 ml Sojasauce (z. B. Tamari; 6 TL)
frisch gemahlener schwarzer Pfeffer
1–2 Prisen Chiliflocken
20 g Sprossen (z. B. Rettichsprossen)

Für das Omelett die Eier mit der Milch in einer Schüssel verquirlen und mit Salz und Pfeffer würzen. ■ Für die Füllung die Zwiebeln schälen, längs halbieren, dann quer in dünne Streifen schneiden. Den Parmesan mit dem Sparschäler in Spänen abziehen. ■ Den Radicchio abbrausen und trocken tupfen. Dann die dickeren und dünneren Blattteile separat klein schneiden. Den Rucola verlesen, die Stiele abknipsen, gründlich waschen, trocken schleudern und grob hacken. ■ Das Öl in einer großen Pfanne erhitzen und die Zwiebeln darin bei gut mittlerer Hitze 3 Minuten glasig dünsten. ■ Die dickeren Radicchioblätter zugeben und 1 Minute mitdünsten, dann den restlichen Radicchio mit dem Rucola hinzufügen und 1–2 Minuten unter Rühren weich werden lassen. Die Sojasauce darüberträufeln und unter Rühren verkochen lassen. Sofort vom Herd nehmen und mit Pfeffer würzen. ■ Parallel dazu in einer zweiten großen Pfanne die Butter zerlassen. Die Eiermasse in die Pfanne gießen und bei niedriger Hitze 4–5 Minuten stocken lassen. Das Omelett soll an der Oberfläche noch leicht feucht sein. ■ Die Gemüsemischung auf dem Omelett anrichten, die Parmesanspäne darauf verteilen und mit den Chiliflocken bestreuen. Zum Schluss die Sprossen in die Mitte setzen, das Omelett halbieren und servieren – nicht zusammenklappen, damit die Sprossen knackig bleiben.

Pro Person 498 kcal, EW 21 g, F 41 g, KH 8 g

ZUCCHINIPUFFER MIT KRÄUTER-NUSS-DIP

Zubereitungszeit 40 Minuten

FÜR 2 PERSONEN

Für die Puffer

1 feste Zucchini (220 g, geputzt 200 g)
Salz
2 dünne Frühlingszwiebeln (geputzt 20 g)
30 g vegetarischer Bergkäse oder Parmesan
12 g Leinsamen (z. B. Goldleinsamen; 6 TL)
1 Ei (Größe M)
frisch gemahlener grüner Pfeffer
1–2 Prisen Cayennepfeffer
4 g Guarkernmehl (1 TL; alternativ Flohsamen)
20 g Kokosöl (4 TL)

Für den Dip

150 g Frischkäse (16 % Fett; ohne Zusatzstoffe)
30 ml Milch (6 TL; 3,5 % Fett)
3–4 Stängel Basilikum (5 g Blätter)
3–4 Stängel glatte Petersilie (7 g Blätter)
10–12 Zweige Thymian (3 g Blätter)
10 ml Zitronensaft (2 TL)
1 TL abgeriebene Biozitronenschale
Salz
frisch gemahlener schwarzer Pfeffer
25 g Pekannusskerne

Für die Puffer die Zucchini waschen und trocken tupfen. Den Blütenansatz wegschneiden, am Stielende anfassen und auf einer Reibe mittelgrob raspeln. Auf ein sauberes Küchentuch legen, salzen und etwa 10 Minuten ruhen lassen. ■ Inzwischen die Frühlingszwiebeln putzen, waschen, die weißen Teile hacken und die grünen in dünne Ringe schneiden. Käse reiben. Leinsamen im Blitzhacker mittelfein mahlen. ■ Zucchini in dem Küchentuch fest ausdrücken, dann auflockern und in eine Schüssel geben. Gehackte weiße Frühlingszwiebeln, Käse und Leinsamen zugeben und vermischen. Das Ei unterrühren. Salz, Pfeffer und Cayennepfeffer hinzufügen und vermengen. Das Guarkernmehl mit einem kleinen Sieb darüberstäuben und sofort einarbeiten. Etwas stehen lassen, bis die Masse bindet. ■ Inzwischen für den Dip Frischkäse und Milch in einen hohen Mixbecher geben und mit dem Stabmixer pürieren. Die Kräuter abbrausen, trocken tupfen und die Blätter abzupfen. Einige Thymianblätter zum Garnieren beiseitelegen, die restlichen Blätter hacken und in die Frischkäsemischung rühren. Zitronensaft und -abrieb zugeben und mit Salz und Pfeffer abschmecken. Die Pekannusskerne im Mörser zerstoßen und untermischen. Den Dip in eine Schale füllen und mit den beiseitegelegten Thymianblättern garnieren. ■ Je 10 g Kokosöl in zwei großen beschichteten Pfannen erhitzen. Den Teig in sechs Portionen in die Pfannen setzen. Mit einem Spatel flach drücken und etwa 10 Minuten bei mittlerer Hitze goldbraun braten, dabei gelegentlich wenden. ■ Die heißen Zucchinipuffer auf zwei Teller legen, die grünen Frühlingszwiebelringe darüberstreuen und mit dem Kräuter-Nuss-Dip servieren.

Pro Person 415 kcal, EW 32 g, F 30 g, KH 4 g

HAUPTGERICHT MIT FISCH/ MEERESFRÜCHTEN

SPINATBODEN-FLAMMKUCHEN MIT GARNELEN UND FRÜHLINGSZWIEBELN

Zubereitungszeit 20 Minuten plus 25 Minuten Backzeit

FÜR 2 PERSONEN

Für den Boden

50 g Babyspinat (geputzt 40 g)
2 Eier (Größe M)
70 g frisch geriebener mittelalter Gouda
Salz
frisch gemahlener schwarzer Pfeffer
½ TL Delikatess-Paprikapulver
10 g gemahlene Flohsamenschalen (3 TL)

Für den Belag

100 g Schmand (24 % Fett)
10 g Dijonsenf (2 TL)
Salz
frisch gemahlener schwarzer Pfeffer
3–4 Frühlingszwiebeln (geputzt 40 g)
150 g gegarte, geschälte Nordsee- oder Eismeer-Biogarnelen
10 g Sprossen oder Kresse (z. B. Rettichsprossen oder Daikon-Kresse; nach Belieben)

Den Backofen auf 175 °C Umluft vorheizen und ein Backblech mit Backpapier auslegen. ■ Für den Boden den Spinat verlesen, die Stiele abknipsen, gründlich waschen und trocken schleudern. Die Blätter übereinanderlegen, in schmale Streifen schneiden, dann quer in kleine Stücke schneiden und in eine Schüssel geben. ■ Die Eier verquirlen, zum Spinat geben und vermengen, dann den geriebenen Käse untermischen. Mit Salz, Pfeffer und Paprikapulver würzen, die Flohsamenschalen darüberstreuen, gut vermengen und kurz stehen lassen. ■ Die Masse auf das vorbereitete Blech geben, mit Frischhaltefolie abdecken und zu einem gleichmäßig dicken, etwa 32 × 26 cm großen Rechteck ausrollen. Im vorgeheizten Ofen auf der zweiten Schiene von unten 17–18 Minuten vorbacken. ■ Für den Belag den Schmand mit Senf, Salz und Pfeffer verrühren. Die Frühlingszwiebeln putzen und in Ringe schneiden. ■ Den vorgebackenen Boden mit dem Senfschmand bestreichen, dabei einen Rand von 1,5 cm frei lassen. Die Garnelen auf der Schmandschicht verteilen und die Frühlingszwiebeln darüberstreuen. Im Ofen weitere 5 Minuten backen, bis der Rand knusprig ist. ■ Herausnehmen, den fertigen Flammkuchen nach Belieben mit den Sprossen bestreuen und sofort servieren.

Pro Person 400 kcal, EW 29 g, F 26 g, KH 13 g

KABELJAU AUF RATATOUILLE

Zubereitungszeit 35 Minuten

FÜR 2 PERSONEN

1 Aubergine (280 g, geputzt 250 g)
Salz
1 rote Paprikaschote (200 g, geschält und geputzt 140 g)
1–2 Zucchini (220 g, geputzt 200 g)
1 rote Zwiebel (60 g, geschält 50 g)
1–2 Knoblauchzehen (geschält 5 g)
2 Zweige Rosmarin (2–3 g Nadeln)
4–5 Zweige Thymian (1–2 g Blätter)
30 ml Erdnuss- oder Sonnenblumenöl (6 TL)
20 g Tomatenmark (4 TL)
150 ml Gemüsebrühe
frisch gemahlener schwarzer Pfeffer
1–2 Prisen Chiliflocken
250 g Kabeljaufilet
½ Bund glatte Petersilie (10 g Blätter)
50 g Crème fraîche

Die Aubergine putzen, waschen und längs in 1 cm dicke Scheiben schneiden oder hobeln. Die Scheiben erst in Streifen schneiden, dann würfeln, mit Salz bestreuen und beiseitestellen. ■ Die Paprikaschote schälen, entkernen, waschen und 1 cm groß würfeln. Zucchini putzen, waschen und ebenfalls 1 cm groß würfeln. Zwiebel und Knoblauchzehe(n) schälen und hacken. Rosmarin und Thymian abbrausen, trocken tupfen, die Nadeln bzw. Blätter abzupfen und hacken. Die Auberginenwürfel abbrausen und gut ausdrücken. ■ Das Öl in einem Topf erhitzen und die Zwiebel darin 2 Minuten andünsten. Auberginen zugeben und bei gut mittlerer Hitze 3 Minuten unter Rühren anbraten. Die Paprika hinzufügen und 2 Minuten mitbraten. Dann die Zucchini mit Knoblauch, Rosmarin und Thymian einrühren und weitere 2 Minuten braten. ■ Das Gemüse an den Pfannenrand schieben, das Tomatenmark in die Mitte geben, anrösten und mit der Brühe ablöschen. Aufkochen, den Deckel aufsetzen und 4–5 Minuten köcheln lassen. Mit Salz, Pfeffer und Chiliflocken würzen. ■ Das Fischfilet kalt abspülen und trocken tupfen. Dann in große Würfel schneiden und eventuelle restliche Gräten dabei entfernen. Mit Salz und Pfeffer würzen. Die Fischwürfel auf die Ratatouille geben und abgedeckt bei niedriger Hitze 5 Minuten gar ziehen lassen. ■ Inzwischen die Petersilie abbrausen, trocken tupfen und hacken. ■ Das fertige Gericht mit der Petersilie bestreuen, in zwei tiefe Teller füllen und auf jede Portion einen Klecks Crème fraîche setzen.

Pro Person 453 kcal, EW 30 g, F 31 g, KH 14 g

HAUPTGERICHT MIT FISCH/ MEERESFRÜCHTEN

LACHS AUF PFANNENGEMÜSE MIT INGWER

Zubereitungszeit 30 Minuten

FÜR 2 PERSONEN

2–3 möglichst dickere Karotten (insg. 250 g, geschält 200 g)
20 g Ingwerwurzel (geschält 15 g)
100 g Zuckerschoten (geputzt 90 g)
1 Porreestange (davon nur den weißen und hellgrünen Teil; 150 g)
10 g geschälte Sesamsaat (3 TL)
280 g dickes Lachsfilet aus der Mitte (ohne Haut; geputzt 250 g)
30 ml Erdnuss- oder Sonnenblumenöl (6 TL)
30 ml Sojasauce (z. B. Tamari; 6 TL)
frisch gemahlener grüner Pfeffer
10 ml geröstetes Sesamöl (2 TL)
Flockensalz
1 kleines Bund Koriandergrün (15 g)

Die Karotten schälen und auf einer Julienne-Reibe in feinste Stifte hobeln. Den Ingwer schälen und ebenfalls in Julienne-Streifen hobeln. ■ Die Zuckerschoten waschen und putzen. Jeweils vier bis fünf übereinanderlegen und schräg in dünne Streifen schneiden. Den Porree gründlich waschen, längs halbieren, dann quer in 2 mm feine Streifen schneiden. ■ Den Sesam in einer Pfanne ohne Fettzugabe goldgelb rösten, dann herausnehmen und abkühlen lassen. ■ Vom Lachsfilet eventuelle restliche Gräten sowie das graue Fett entfernen. Kalt abbrausen, trocken tupfen und in zwei gleich große Stücke schneiden. ■ Das Öl in einer großen Pfanne erhitzen. Porree und Ingwer darin bei mittlerer Hitze 1 ½ Minuten rührbraten. An den Pfannenrand schieben, die Karottenstifte zugeben und 2 Minuten rührbraten. Die Zuckerschoten einrühren und 1 Minute rührbraten. Die Sojasauce darübergießen, mit Pfeffer würzen und den Pfanneninhalt gut mischen. ■ Die Hitze auf niedrige Stufe reduzieren, die Lachsstücke auf das Pfannengemüse legen, mit dem Sesamöl beträufeln und mit Flockensalz bestreuen. Den Deckel auflegen und den Lachs je nach Dicke 3–5 Minuten garen, sodass er innen noch glasig ist. ■ Inzwischen das Koriandergrün abbrausen, trocken tupfen und mit den zarten Stielen hacken. ■ Das fertige Gericht auf zwei Tellern anrichten, mit Sesam und Koriander bestreuen und sofort servieren.

Pro Person 522 kcal, EW 35 g, F 38 g, KH 11 g

PASTINAKEN-POMMES-FRITES MIT DILL-DIP UND LACHS

Zubereitungszeit 30 Minuten

FÜR 2 PERSONEN

Für die Pommes frites
500 g Pastinaken (geschält 400 g)
20 ml Erdnuss- oder Sonnenblumenöl (4 TL)
Salz
frisch gemahlener schwarzer Pfeffer
1 Msp. Knoblauchpulver oder Cayennepfeffer

Für den Dip
150 g griechischer Naturjoghurt (10 % Fett)
50 g Quark (20 % Fett)
2–3 Spritzer Limettensaft
1 TL abgeriebene Biolimettenschale
Salz
frisch gemahlener schwarzer Pfeffer
3–4 Stängel Dill (6 g Dillspitzen)

Für den Lachs
2 Lachsfilets mit Haut (à 125 g)
5 ml Erdnuss- oder Sonnenblumenöl (1 TL)
Salz
frisch gemahlener schwarzer Pfeffer

Den Backofen auf 230 °C Umluft vorheizen. ■ Für die Pommes frites die Pastinaken schälen, abspülen und in gleichmäßige, etwa 1 cm dicke Pommes frites schneiden. In einer großen flachen Auflaufform verteilen, mit dem Öl beträufeln, dann mit Salz, Pfeffer und Knoblauchpulver bestreuen. Mit den Händen gut vermischen und gleichmäßig verteilen. Im vorgeheizten Ofen auf der mittleren Schiene 18–20 Minuten backen, bis die Pommes gar und an den Rändern leicht gebräunt sind. ■ Inzwischen für den Dip Joghurt und Quark verrühren. Limettensaft und -abrieb mit Salz und Pfeffer zugeben und einrühren. Den Dill abbrausen, trocken tupfen, einige Spitzen beiseitelegen, den Rest hacken und untermischen. ■ Für den Lachs von den Fischfilets eventuelle restliche Gräten sowie das graue Fett entfernen. Dann kalt abspülen und trocken tupfen. ■ Das Öl in einer Pfanne erhitzen, die Lachsfilets mit der Hautseite nach unten hineingeben und bei mittlerer bis hoher Hitze 2 Minuten anbraten. Die Temperatur auf etwas weniger als mittlere Hitze reduzieren und weitere 5–7 Minuten braten, dabei nach 3–4 Minuten die Fischfilets wenden. ■ Die Pfanne vom Herd nehmen und die Filets auf der Fleischseite noch 1 Minute ziehen lassen. Dann mit Salz und Pfeffer würzen und auf zwei Teller setzen. Die Pastinaken-Pommes-frites aus dem Ofen nehmen, mit dem Dill-Dip neben dem Lachs anrichten und mit dem beiseitegelegten Dill garnieren.

Pro Person 476 kcal, EW 34 g, F 31 g, KH 16 g

HAUPTGERICHT MIT FISCH/ MEERESFRÜCHTEN

STREMELLACHS AUF PAPRIKAGEMÜSEBETT

Zubereitungszeit 30 Minuten

FÜR 2 PERSONEN

2–3 Zwiebeln (170 g, geschält 150 g)
1 sehr große Karotte (240 g, geschält 200 g)
2 rote Paprikaschoten (insg. 400 g, geschält und geputzt 270 g)
30 ml Erdnuss- oder Sonnenblumenöl (6 TL)
250 g Stremellachs (200 g ohne Haut)
100 g Frischkäse (16 % Fett, ohne Zusatzstoffe)
75–90 ml Gemüsebrühe (alternativ Wasser)
Salz
frisch gemahlener schwarzer Pfeffer
5 Stängel Bohnenkraut (2 g Blätter)

Die Zwiebeln schälen, längs halbieren und in Streifen schneiden. Die Karotte schälen und in 3 mm dicke Stifte hobeln. Paprikaschoten schälen, halbieren, entkernen, abspülen und in 5 mm dünne Streifen schneiden. ■ Das Öl erhitzen und die Zwiebeln darin bei mittlerer Hitze unter Rühren 3 Minuten glasig andünsten. Karottenstifte dazugeben und weitere 3 Minuten rührbraten. Paprikastreifen hinzufügen und 3–4 Minuten unter häufigem Rühren braten. ■ Inzwischen vom Lachsfilet die Haut abziehen und eventuelle restliche Gräten sowie das graue Fett entfernen. Kalt abspülen, trocken tupfen und in zwei gleich große Stücke schneiden. ■ Den Frischkäse mit der Brühe verrühren und in die Pfanne gießen. Mit Salz und Pfeffer würzen. Den Lachs auf das Gemüse legen, den Deckel aufsetzen und bei niedriger Hitze 2–3 Minuten erwärmen. ■ Inzwischen das Bohnenkraut abbrausen, trocken tupfen, die Blätter hacken und über das fertige Gericht streuen.

TIPP Ersetzen Sie für eine geschmackliche Abwandlung das Bohnenkraut durch Thymian, Dill oder Petersilie. Bestreuen Sie für ein feines Extra das Paprikagemüse mit 5 g (2 TL) gerösteter Sesamsaat und würzen Sie mit 1 TL Sojasauce. Die Nährwerte betragen dann pro Person: 491 kcal, EW 34 g, F 32 g, 17 g KH.

Pro Person 438 kcal, EW 20 g, F 38 g, KH 3 g

AVOCADO AUF ZWEIERLEI ART ÜBERBACKEN

Zubereitungszeit 30 Minuten

FÜR 2 PERSONEN

2 mittelgroße Avocados (à 170 g, insg. 250 g Fruchtfleisch)
5–10 ml Limettensaft (1–2 TL)
Salz
frisch gemahlener schwarzer Pfeffer
2 Msp. Delikatess-Paprikapulver
2 Eier (Größe S)
25 g frisch geriebener Parmesan
50 g Cocktailtomaten
½ Knoblauchzehe (nach Belieben)
75 g gegarte, geschälte Biogarnelen
½ TL abgeriebene Limettenschale

Den Backofen auf 180 °C Ober-/Unterhitze vorheizen. ■ Die Avocados halbieren und entkernen, dann die Schnittflächen mit etwas Limettensaft bestreichen. In eine Auflaufform setzen, dabei für einen besseren Stand von der runden Seite eine kleine Scheibe wegschneiden. Die Schnittflächen mit Salz, Pfeffer und Paprikapulver bestreuen. ■ Die Eier aufschlagen und vorsichtig in die Mulden von zwei Avocadohälften gleiten lassen. Parmesan locker darüberstreuen, ohne dass das Eigelb verletzt wird. ■ Für die anderen Avocadohälften die Tomaten waschen, halbieren, entkernen und hacken. Nach Belieben die Knoblauchzehe schälen und hacken. Tomaten und Knoblauch vermengen und mit Salz und Pfeffer würzen. ■ Die Garnelen grob hacken, mit Limettenabrieb und restlichem Limettensaft vermengen und mit Salz und Pfeffer würzen. Die Garnelenmischung in die beiden restlichen Avocadomulden füllen und die Tomatenwürfel darüber verteilen. ■ Im vorgeheizten Ofen auf der mittleren Schiene etwa 12 Minuten garen, bis der Parmesan goldgelb überbacken ist. ■ Herausnehmen und je eine Avocadohälfte mit Ei und eine mit Tomaten und Garnelen auf zwei Tellern anrichten. Sofort servieren.

Pro Person 382 kcal, EW 28 g, F 21 g, KH 5 g

HAUPTGERICHT MIT FISCH/ MEERESFRÜCHTEN

THUNFISCH-BOWL

Zubereitungszeit 20 Minuten

FÜR 2 PERSONEN

3 Eier (Größe M)
15 ml Zitronensaft (3 TL)
Salz
frisch gemahlener schwarzer Pfeffer
30 ml mildes Olivenöl (6 TL)
3–4 Stängel Dill (5 g Dillspitzen)
3–4 Minigurken (125 g)
1 Glas oder Dose Thunfisch im eigenen Saft (125 g Abtropfgewicht)
125 g Cocktailtomaten
30 g entsteinte grüne Oliven
30 g Silberzwiebeln (aus dem Glas)
3–4 Stängel glatte Petersilie (7 g Blätter)
⅓ Kästchen Gartenkresse

Die Eier in einem Topf mit kochendem Wasser 7 Minuten wachsweich oder 10 Minuten hart kochen. Dann kalt abschrecken, pellen und halbieren oder vierteln. ■ Inzwischen die Hälfte des Zitronensafts mit Salz, Pfeffer und 15 ml Öl in einer Schüssel verrühren. Den Dill abbrausen, trocken tupfen, die Dillspitzen hacken und untermischen. Die Gurken waschen, längs vierteln, in kleine Stücke schneiden und einrühren. ■ Den Thunfisch abtropfen lassen und zerpflücken. In eine Schüssel geben, mit restlichem Zitronensaft und Öl beträufeln und vermischen. ■ Die Tomaten waschen, halbieren und die Stielansätze wegschneiden. Die Oliven in Ringe schneiden. Die Silberzwiebeln abtropfen lassen. ■ Die Petersilie abbrausen, trocken tupfen und hacken. Die Kresse vom Beet schneiden, abbrausen und trocken tupfen. ■ Den Gurkensalat mit den Tomaten in zwei Bowls nebeneinander anrichten. Eier und Thunfisch daraufsetzen und mit Oliven und Silberzwiebeln bestreuen. Petersilie und Kresse darübergeben und servieren.

Pro Person 492 kcal, EW 24 g, F 43 g, KH 2 g

HAUPTGERICHT MIT FISCH/
MEERESFRÜCHTEN

AVOCADO-GARNELEN-BOWL MIT SPINAT

Zubereitungszeit 20 Minuten

FÜR 2 PERSONEN

15 ml Zitronensaft (3 TL)
Salz
frisch gemahlener schwarzer Pfeffer
15 ml Olivenöl (3 TL)
1 TL abgeriebene Biozitronenschale
100 g gegarte, geschälte Eismeer-Biogarnelen
1 mittelgroße Avocado (125 g Fruchtfleisch)
1 Pck. Minimozzarellakugeln (Abtropfgewicht 125 g)
100 g Cocktailtomaten
60 g Babyspinat (geputzt 50 g)
3–4 Stängel Basilikum (5 g Blätter)

Den Zitronensaft mit Salz und Pfeffer in einer Schüssel vermengen. Das Öl kräftig einrühren, dann den Zitronenabrieb unter die Sauce mischen. ■ Die Garnelen kalt abbrausen, trocken tupfen und in eine Schüssel geben. Ein Drittel der Sauce darüberträufeln und vermischen. ■ Die Avocado halbieren, entkernen und das Fruchtfleisch mit einem Löffel herausheben. Dann würfeln, in eine Schale geben und mit der Hälfte der restlichen Sauce beträufeln. ■ Die Mozzarellakugeln abgießen, trocken tupfen, salzen und pfeffern. Die Tomaten waschen, halbieren und die Stielansätze wegschneiden. Dann leicht salzen und pfeffern. ■ Den Spinat verlesen, die Stiele abknipsen, gründlich waschen und trocken schleudern. Das Basilikum abbrausen und trocken tupfen, dann die Blätter abzupfen. ■ Garnelen, Avocado, Mozzarella und Tomaten in zwei Bowls nebeneinander anrichten und die restliche Sauce über den Mozzarella träufeln. ■ Spinat dazugeben, mit Basilikum bestreuen und die Avocado-Garnelen-Bowls sofort servieren.

TIPP Der Spinat wird schnell weich, wenn er im Dressing liegt. Verwenden Sie deshalb für eine To-go-Bowl anstelle von Babyspinat feste Romana-Salatherzen oder Rucola, da diese länger knackig bleiben.

Legende der Icons

To go oder perfekt fürs Büro

Vegetarisch

Vegan

Gut vorzubereiten

Glutenfrei

Laktosefrei

e! Easy

Ausführliche Infos
Seite 202

REZEPTE

Phase 2

Pro Person 270 kcal, EW 9 g, F 13 g, KH 29 g

GRÜNKOHL-SMOOTHIE MIT MELONE UND MANDELMUS

Zubereitungszeit 10 Minuten

FÜR 2 PERSONEN

½ Salatgurke (200 g mit Schale)
1 Stück Honigmelone (geschält und entkernt 200 g)
60 g Feldsalat (geputzt 50 g; alternativ Blattspinat)
2 Medjool-Datteln (entsteint 40 g)
100 g gehackter TK-Grünkohl (Natur, portionierbar)
50 g weißes Mandelmus
15 ml Zitronensaft (3 TL)
frisch gemahlener schwarzer Pfeffer (nach Belieben)
1 Prise Salz (nach Belieben)

Die Gurke waschen und mit der Schale in grobe Stücke schneiden. Die Melone schälen, entkernen und ebenfalls in grobe Stücke schneiden. Den Feldsalat verlesen und gründlich waschen. Die Datteln entsteinen. ■ Alle Zutaten mit 150 ml Wasser in den Standmixer geben und auf höchster Stufe fein mixen. Grünkohl und Mandelmus zugeben und erneut durchmixen. ■ Mit Zitronensaft und nach Belieben mit etwas Pfeffer und Salz würzen. Den Grünkohl-Smoothie in zwei große Gläser füllen und servieren.

Pro Person 316 kcal, EW 10 g, F 17 g, KH 31 g

FRÜHSTÜCKS-HIRSE-BOWL

Zubereitungszeit 15 Minuten

FÜR 2 PERSONEN

70 g Hirse (schnellkochend)
30 g Mandelkerne
100 g Himbeeren
150 g griechischer Naturjoghurt (10 % Fett)
8 g Erythrit (2 TL)
1 Prise Salz
1–2 Prisen gemahlener Ceylon-Zimt

Die Hirse nach Packungsangabe garen und abkühlen lassen. ■ Inzwischen die Mandelkerne in einer kleinen Pfanne ohne Fettzugabe rösten. Abkühlen lassen und grob hacken. ■ Die Himbeeren behutsam abbrausen und trocken tupfen. ■ Joghurt und Erythrit in die Hirse rühren und mit Salz und Zimt würzen. Die Joghurtmischung auf zwei Bowls verteilen, mit Mandeln und Himbeeren garnieren und servieren.

Pro Person 476 kcal, EW 21 g, F 29 g, KH 32 g

KÜRBISSUPPE MIT ORANGENSAFT, ZIEGENFRISCHKÄSE UND KÜRBISKERN-TOPPING

Zubereitungszeit 20 Minuten plus 25 Minuten Garzeit

FÜR 2 PERSONEN

Für die Suppe

½ mittelgroßer Hokkaido-Kürbis (350 g Fruchtfleisch)
1 Zwiebel (80 g, geschält 70 g)
10 g Kokosöl (2 TL)
500 ml Gemüsebrühe
150 ml Orangensaft
150 g Ziegenfrischkäse (48 % Fett, Rolle, ohne Rinde)
Salz
frisch gemahlener schwarzer Pfeffer
1–2 Prisen Cayennepfeffer

Für das Topping

20 g Kürbiskerne
2 Stängel Dill (3 g Dillspitzen)
2 TL abgeriebene Bioorangenschale
5 ml Kürbiskernöl (1 TL)

Für die Suppe den Kürbis putzen, Fasern und Kerne herauskratzen und abspülen. Dann etwa 2 cm groß würfeln. Die Zwiebel schälen und hacken. ■ Das Kokosöl in einem Topf erhitzen und die Zwiebel darin bei mittlerer Hitze glasig andünsten. Den Kürbis zugeben und kurz andünsten. 400 ml Brühe angießen, den Orangensaft hinzufügen, aufkochen und abgedeckt 25 Minuten köcheln lassen. ■ Inzwischen für das Topping die Kürbiskerne in einer Pfanne ohne Fettzugabe rösten. Abkühlen lassen und hacken. Den Dill abbrausen, trocken tupfen und hacken. Kürbiskerne, Dill und Orangenabrieb mischen. ■ Die Suppe mit dem Stabmixer fein pürieren und je nach gewünschter Konsistenz die restliche Brühe zugießen. 100 g Ziegenfrischkäse einrühren und mit Salz, Pfeffer und Cayennepfeffer abschmecken. ■ Die Kürbissuppe in zwei Schalen füllen und mit der Kürbiskernmischung toppen. Den restlichen Ziegenfrischkäse zerbröseln und darüberstreuen. Zum Schluss mit dem Kürbiskernöl beträufeln.

Pro Person 315 kcal, EW 10 g, F 25 g, KH 12 g

BROKKOLI-ERBSEN-SUPPE MIT KOKOSMILCH

Zubereitungszeit 30 Minuten

FÜR 2 PERSONEN

1 kleinerer Brokkoli (400 g, geputzt 250 g Brokkoliröschen mit zarten Stielen)
70 g Blattspinat (geputzt 50 g)
15 g Kokosöl (3 TL)
400 ml Gemüsebrühe
150 g TK-Erbsen
150 ml Kokosmilch (70–90 % Kokosnussanteil)
15 ml Limettensaft (3 TL)
Salz oder Kräutersalz
frisch gemahlener grüner Pfeffer
2 Prisen Cayennepfeffer

Den Brokkoli putzen und mit den zarten Stielen klein schneiden, den Strunk entfernen. Waschen und abtropfen lassen. ■ Den Spinat verlesen und die dickeren Stiele abknipsen. Dann gründlich waschen und trocken schleudern. ■ Das Kokosöl in einem Topf erhitzen und den Brokkoli darin bei mittlerer Hitze kurz andünsten. Die Brühe angießen, aufkochen und abgedeckt 4 Minuten köcheln lassen. ■ 6 TL Erbsen beiseitelegen, die restlichen Erbsen in die Brühe geben, erneut aufkochen, den Deckel aufsetzen und 5 Minuten köcheln lassen. ■ Den Spinat zugeben und 2 Minuten mitgaren, bis er zusammengefallen ist. ■ Die Kokosmilch zugießen und die Suppe mit dem Stabmixer fein pürieren. Den Limettensaft einrühren, mit Salz, Pfeffer und einer Prise Cayennepfeffer abschmecken. ■ Brokkoli-Erbsen-Suppe in zwei Schalen füllen, mit den beiseitegelegten Erbsen garnieren und mit dem restlichen Cayennepfeffer bestreuen.

Pro Person 472 kcal, EW 17 g, F 24 g, KH 44 g

SALAT

MEDITERRANER REISNUDELSALAT

Zubereitungszeit 25 Minuten

FÜR 2 PERSONEN

Salz
70 g Vollkorn-Reisnudeln (alternativ rote Linsen- oder Kichererbsennudeln)
15 ml Olivenöl (3 TL)
20 g Kürbiskerne
4 eingelegte Artischockenböden (insg. 140 g)
40 g getrocknete Tomaten in Öl (abgetropft)
30 g entsteinte schwarze Oliven
200 g Cocktailtomaten
frisch gemahlener schwarzer Pfeffer
4–5 Stängel Basilikum (5 g Blätter)
30 g Rucola (geputzt 20 g)
30 g Parmesan (am Stück)
10 ml Balsamico-Essig (2 TL)

Salzwasser in einem Topf zum Kochen bringen. Die Reisnudeln in Stücke brechen und im kochenden Wasser 11–13 Minuten gar kochen. Dann in ein Sieb abgießen und ausdampfen lassen. In eine Schüssel geben, das Öl darüberträufeln und vermengen. ■ Inzwischen die Kürbiskerne in einer Pfanne ohne Fettzugabe rösten und abkühlen lassen. ■ Die Artischockenböden trocken tupfen und 1 cm groß würfeln. Die getrockneten Tomaten fein hacken und die Oliven in Ringe schneiden. Die Cocktailtomaten vierteln oder würfeln. Kürbiskerne, Artischocken, beide Tomatensorten und Oliven zu den Nudeln geben, vermischen und mit Salz und Pfeffer würzen. ■ Das Basilikum waschen und trocken tupfen. Große Blätter zerzupfen, die kleinen ganz lassen und beiseitelegen. Den Rucola verlesen, waschen und trocken tupfen. Den Parmesan dünn hobeln. ■ Zerzupftes Basilikum, Rucola und Parmesan unter den Reisnudelsalat heben. Mit dem Essig beträufeln und mit den kleinen Basilikumblättern bestreuen.

TIPP Der Reisnudelsalat eignet sich gut zum Mitnehmen. In dem Fall Basilikum und Rucola separat verpacken und direkt vor dem Essen untermischen oder darüberstreuen.

Pro Person 492 kcal, EW 17 g, F 37 g, KH 23 g

FENCHEL-CHICORÉE-SALAT

Zubereitungszeit 20 Minuten

FÜR 2 PERSONEN

Für das Dressing

50 ml Orangensaft
2 TL abgeriebene Bioorangenschale
20 g Agavendicksaft (4 TL)
10 ml Apfelessig (2 TL)
Kräutersalz oder Salz
frisch gemahlener schwarzer Pfeffer
30 ml Walnussöl oder mildes Olivenöl (6 TL)

Für den Salat

1 Fenchelknolle (200 g, geputzt 150 g)
1–2 Chicorée (180 g, geputzt 150 g)
2 Karotten (insg. 200 g, geschält 150 g)
½ Bund glatte Petersilie (15 g Blätter)
40 g Sonnenblumenkerne
100 g Feta (48 % Fett)

Für das Dressing Orangensaft, -abrieb, Agavendicksaft, Essig, Salz und Pfeffer verrühren, dann das Öl kräftig einarbeiten. ■ Für den Salat vom Fenchel äußere Blätter und Stiele wegschneiden. Das Fenchelgrün abbrausen, trocken tupfen, hacken und beiseitestellen. Den Fenchel waschen, längs halbieren und den Strunk entfernen. Die Hälften quer in millimeterfeine Scheibchen hobeln. ■ Vom Chicorée ebenfalls die äußeren Blätter entfernen. Den festen, oft bitteren Strunk nach Belieben herausschneiden. Quer in feine Streifen hobeln oder schneiden. Die Karotten schälen und in Julienne-Streifen hobeln. ■ Fenchel, Chicorée und Karotten in eine Schüssel geben, mit dem Dressing beträufeln, vermengen und etwas durchziehen lassen. ■ Inzwischen die Petersilie abbrausen, trocken tupfen und die Blätter grob hacken. Die Sonnenblumenkerne in einer kleinen Pfanne ohne Fettzugabe goldbraun rösten und abkühlen lassen. ■ Den Feta zerbröseln und mit der Petersilie unter den Salat mischen. ■ Den Fenchel-Chicorée-Salat auf zwei Schalen verteilen, Sonnenblumenkerne und Fenchelgrün darüberstreuen und servieren.

Vegane Variante Für eine vegane Variante den Feta weglassen und stattdessen eine große Orange (300 g, ergibt filetiert etwa 180 g) verwenden. Diese schälen, filetieren und die Spalten zum Salat geben. Die Nährwerte betragen dann pro Person: 383 kcal, EW 10 g, F 26 g, KH 28 g.

ROTE-BETE-SALAT MIT BIRNE UND WALNUSSKERNEN

Zubereitungszeit 15 Minuten

FÜR 2 PERSONEN

200 g vakuumverpackte gegarte Rote Bete (siehe auch Tipp)
15 ml Apfelessig (3 TL)
10 g Akazienhonig (2 TL)
Salz
frisch gemahlener schwarzer Pfeffer
20 ml Walnussöl (4 TL)
1 reife Birne (225 g, geschält und entkernt 150 g)
½ Bund glatte Petersilie (10 g Blätter)
100 g Feta (48 % Fett)
30 g Walnusskerne

Die Roten Beten trocken tupfen, etwa 1 cm groß würfeln und in eine Schüssel geben. Den Essig mit Honig, Salz und Pfeffer verrühren, dann das Öl kräftig einarbeiten. Über die Roten Beten träufeln und kurz marinieren. ■ Inzwischen die Birne nach Belieben schälen, vierteln, entkernen und ebenfalls 1 cm groß würfeln. Petersilie abbrausen, trocken tupfen und hacken. Birne und Petersilie zu den Roten Beten geben und vermengen. ■ Die Mischung auf zwei Schalen verteilen. Den Feta darüberbröseln. Die Walnüsse grob hacken und den Rote-Bete-Salat damit bestreuen.

TIPP Aromatischer und etwas fester im Biss werden die Roten Beten, wenn man sie selbst gart, zum Beispiel am Vorabend. Dafür den Backofen auf 180 °C Ober-/Unterhitze vorheizen. Die Beten waschen, ungeschält einzeln in Alufolie wickeln und 60–70 Minuten backen. Etwas abkühlen lassen, schälen und weiterverarbeiten.

Vegane Variante Den Feta weglassen und die Walnussmenge auf 50 g erhöhen. Die Nährwerte betragen dann pro Person: 384 kcal, EW 7 g, F 28 g, KH 26 g.

Pro Person 384 kcal, EW 11 g, F 19 g, KH 42 g

SALAT

QUINOA-GEMÜSE-SALAT

Zubereitungszeit 30 Minuten

FÜR 2 PERSONEN

100 g Quinoa (rot, schwarz, weiß oder gemischt)
Salz
1 rote Paprikaschote (175 g, geschält und geputzt 125 g)
3–4 Minigurken (insg. 150 g)
150 g Cocktailtomaten
½ Bund glatte Petersilie (10 g Blätter)
15 ml Zitronensaft (3 TL)
10 ml Ahornsirup (2 TL)
frisch gemahlener schwarzer Pfeffer
20 ml Olivenöl (4 TL)
125 g griechischer Naturjoghurt (10 % Fett)

Quinoa in einem feinen Sieb gründlich abbrausen, mit etwa 400 ml Salzwasser in einen Topf geben und zum Kochen bringen. Ohne Deckel unter gelegentlichem Umrühren etwa 15 Minuten köcheln lassen – das Wasser sollte ganz oder nahezu verkocht sein. Die Quinoa etwas ausdampfen und abkühlen lassen. ■ Inzwischen die Paprikaschote dünn schälen, vierteln, entkernen und waschen. In 1 cm dicke Streifen schneiden und diese in kleine Stücke schneiden. Die Gurken waschen und mit der Schale längs in Streifen schneiden, dann quer in kleine Stücke schneiden. ■ Die Tomaten waschen, vierteln und die Stielansätze wegschneiden. Die Petersilie abbrausen, trocken tupfen und nicht zu fein hacken. ■ Zitronensaft und Ahornsirup mit Salz und Pfeffer verrühren, dann das Öl kräftig einarbeiten. ■ Paprika, Gurken, Tomaten, drei Viertel der Petersilie und abgekühlte Quinoa in einer Schüssel mischen, mit der Vinaigrette begießen und vermengen. ■ Quinoa-Gemüse-Salat auf zwei Schalen verteilen. Den Joghurt mit etwas Salz und Pfeffer glatt rühren und auf jede Portion einen Klecks setzen. Mit der restlichen Petersilie bestreuen.

Pro Person 562 kcal, EW 31 g, F 32 g, KH 31 g

SCHNELLER MEXIKO-SALAT

Zubereitungszeit 20 Minuten

FÜR 2 PERSONEN

1 kleine Dose schwarze Bohnen (265 g Abtropfgewicht)
2 rote Paprikaschoten (insg. 350 g, geschält und geputzt 250 g)
2–3 rote Zwiebeln (120 g, geschält 100 g)
200 g Räuchertofu
10 ml Erdnussöl (2 TL)
30 ml Olivenöl (6 TL)
30 ml weißer Balsamico-Essig (6 TL)
30 g Tomatenmark (6 TL)
Salz
frisch gemahlener schwarzer Pfeffer
1–2 Prisen Chiliflocken
gehackte Petersilie zum Garnieren

Bohnen in ein Sieb abgießen, gründlich abbrausen und abtropfen lassen. Paprikaschoten putzen, schälen, abspülen und in kleine Würfel schneiden. Zwiebeln schälen und ebenfalls klein würfeln. ■ Den Tofu trocken tupfen und klein würfeln. Das Erdnussöl in einer Pfanne erhitzen. Die Tofuwürfel darin bei mittlerer Hitze 2–3 Minuten anbraten, Zwiebeln dazugeben und goldbraun anschwitzen. ■ Olivenöl, Essig, Tomatenmark, Salz, Pfeffer und Chiliflocken in eine Schüssel geben und zu einer Marinade verrühren. Bohnen und Paprika mit dem Pfanneninhalt zugeben, verrühren und abkühlen lassen. ■ Den Mexiko-Salat auf zwei Schalen verteilen und mit gehackter Petersilie bestreut servieren.

TIPP Der Salat lässt sich super vorbereiten, schmeckt am nächsten Tag gut durchgezogen sogar noch besser als frisch zubereitet und ist deshalb perfekt zum Mitnehmen.

Pro Person 329 kcal, EW 12 g, F 19 g, KH 28 g

KÜRBIS-HUMMUS MIT GEMÜSESTICKS

Zubereitungszeit 35 Minuten

FÜR 2 PERSONEN

Für den Hummus

¼ Hokkaido-Kürbis (200 g Fruchtfleisch)
2 große Knoblauchzehen (geschält 10 g)
½ Dose Kichererbsen (Abtropfgewicht ca. 130 g)
45–60 ml Zitronensaft
1 TL abgeriebene Biozitronenschale
5 g Harissa (1 TL)
20 ml Olivenöl (4 TL)
15 g helles Tahini (Sesammus, 3 TL)
Salz
frisch gemahlener schwarzer Pfeffer
½–1 TL gemahlener Kreuzkümmel (Cumin)
50 g Feta (48 % Fett)
¼–½ TL Schwarzkümmel (siehe Tipp)

Für die Sticks

1 kleine Karotte (65 g, geschält 50 g)
½ kleinere rote Paprikaschote (geputzt 50 g)
2 Selleriestangen (geputzt 50 g)
1–2 Minigurken (50 g)

TIPP Statt Schwarzkümmel können Sie zum Bestreuen alternativ auch Chiliflocken, Kreuzkümmelsamen oder Sesamsaat verwenden. Als Gemüsesticks eignen sich auch Fenchel und Kohlrabi sehr gut.

Den Backofen auf 200 °C Umluft vorheizen. ■ Für den Hummus den Kürbis putzen, Kerne und Fasern herauskratzen und 200 g Fruchtfleisch abwiegen. Abspülen, in Streifen schneiden, in eine Auflaufform geben und im vorgeheizten Ofen 20 Minuten backen. ■ Herausnehmen, abkühlen lassen und die Kürbisstreifen grob zerkleinern. ■ Inzwischen für die Sticks die Karotte schälen, die Paprikaschote entkernen und von den Selleriestangen die Fäden abziehen. Alle Gemüsestücke und die Gurken waschen, trocken tupfen und in Sticks schneiden. ■ Die Knoblauchzehen schälen und hacken. Die Kichererbsen in ein Sieb geben, abbrausen und abtropfen lassen. Mit 45 ml Zitronensaft und 45 ml Wasser in den Standmixer geben, Kürbis und Knoblauch zufügen und auf höchster Stufe fein pürieren. Zitronenabrieb, Harissa, 2 TL Öl und Tahini zugeben und erneut durchmixen. Mit Salz, Pfeffer und Kreuzkümmel würzen und nach Geschmack den restlichen Zitronensaft zugeben. ■ Hummus in eine Schale füllen, den Feta darüberbröseln, mit dem restlichen Öl beträufeln und mit dem Schwarzkümmel bestreuen. Kürbis-Hummus mit den Gemüsesticks servieren.

Pro Person 480 kcal, EW 20 g, F 31 g, KH 24 g

SNACK

WEISSER BOHNEN-MANDEL-HUMMUS MIT GEMÜSESTICKS

Zubereitungszeit 15 Minuten

FÜR 2 PERSONEN

Für den Hummus

1 kleine Dose weiße Bohnen (265 g Abtropfgewicht)
1 große Knoblauchzehe (geschält 5 g)
30 ml Zitronensaft (6 TL)
80 g weißes Mandelmus
1 TL abgeriebene Biozitronenschale
1–2 Msp. gemahlener Kreuzkümmel (Cumin)
1–2 Prisen Cayennepfeffer
Salz
frisch gemahlener grüner Pfeffer
15 ml Olivenöl (3 TL)
1–2 Prisen Chiliflocken

Für die Sticks

½ Kohlrabi (geschält 125 g)
1 kleine Fenchelknolle (180 g, geputzt 125 g)

Für den Hummus die Bohnen in ein Sieb geben, gründlich abbrausen und abtropfen lassen. Die Knoblauchzehe schälen und fein hacken. Bohnen und Knoblauch mit 3 TL Zitronensaft und Mandelmus im Standmixer fein pürieren. ■ Zitronenabrieb, Kreuzkümmel und Cayennepfeffer einrühren und den Hummus mit Salz und Pfeffer abschmecken. Nach Belieben den restlichen Zitronensaft dazugeben. In eine Schale füllen, mit dem Öl beträufeln und mit den Chiliflocken bestreuen. Für die Sticks den Kohlrabi schälen, abspülen und in Pommesfrites-ähnliche Sticks schneiden. Den Fenchel putzen, den Strunk entfernen und in Streifen schneiden. Das Fenchelgrün abbrausen, trocken tupfen und hacken. ■ Das gehackte Fenchelgrün über den Bohnen-Mandel-Hummus streuen und mit den Gemüsesticks servieren.

Hinweis! Köfte, auch Kufthe, Kufta oder Kafta genannt, sind kleine, gut gewürzte Frikadellen aus der orientalischen Küche, die unterschiedlich geformt und dann gebraten oder gegrillt werden.

Pro Person 514 kcal, EW 34 g, F 25 g, KH 37 g

KÖFTE MIT BULGUR UND SALAT

Zubereitungszeit 35 Minuten

FÜR 2 PERSONEN

Für Köfte und Salat
100 g Rinderhackfleisch
150 g Beefsteakhackfleisch
Salz
frisch gemahlener schwarzer Pfeffer
½ TL gemahlener Kreuzkümmel (Cumin)
½ TL Delikatess-Paprikapulver
2–3 Stängel Minze (3 g Blätter)
½ Bund glatte Petersilie (10 g Blätter)
1 kleine Karotte (50 g, geschält 40 g)
1–2 Knoblauchzehen (geschält 5 g)
2 Fleischtomaten (geputzt 400 g)
½ Salatgurke (200 g, entkernt 160 g)
½ frische, große rote Chilischote (geputzt 10 g)
10 ml Olivenöl (2 TL)
15 ml Erdnussöl (3 TL)

Für den Bulgur
200 ml Gemüsebrühe
1 TL Baharat, Ras el-Hanout oder Currypulver
80 g Bulgur
Minzblätter zum Garnieren

Für die Köfte beide Sorten Hackfleisch mit Salz, Pfeffer, Kreuzkümmel und Paprikapulver vermengen. Die Kräuter abbrausen, trocken tupfen und hacken. Die Minze und ein Drittel der Petersilie zum Fleisch geben. ■ Die Karotte schälen, waschen und fein raspeln. Die Knoblauchzehe(n) schälen und fein hacken. Beides zum Fleisch geben und verkneten. Dann in sechs Portionen teilen, daraus länglich-ovale Köfte formen und diese etwas flach drücken. Bis zur Verwendung kalt stellen. ■ Die Tomaten waschen und trocken reiben. Aus den Mitten waagerecht je drei Scheiben schneiden und beiseitelegen, die Kappen der Tomaten etwa 1 cm groß würfeln. ■ Für den Salat die Gurke waschen, entkernen, längs in Streifen und dann in kleine Stücke schneiden. Die Chilischote längs halbieren, entkernen, abspülen und fein würfeln. Chili und Gurke mit Tomatenwürfeln und der Hälfte der restlichen Petersilie vermengen. Mit Salz und Pfeffer würzen und mit dem Olivenöl beträufeln. ■ Für den Bulgur Brühe und Gewürzmischung in einen Topf geben. Den Bulgur in ein feines Sieb füllen, abbrausen und zur Brühe geben. Aufkochen und ohne Deckel bei niedriger Hitze 7 Minuten ausquellen lassen. ■ Währenddessen das Erdnussöl in einer großen Pfanne erhitzen und die Köfte darin von beiden Seiten je 1 Minute scharf anbraten, dann an den Pfannenrand schieben. Tomatenscheiben hineingeben, salzen und pfeffern und alles etwa 6 Minuten bei gut mittlerer Hitze fertig braten, dabei Tomaten und Köfte zwischendurch wenden. ■ Den Bulgur auflockern, die restliche Petersilie einrühren, mit Köfte und gebratenen Tomatenscheiben auf zwei Tellern anrichten und mit Minze garnieren. ■ Den Bratensatz in der Pfanne mit 4–5 TL Wasser lösen und über Köfte und Bulgur träufeln. Dazu den Salat servieren.

Pro Person 521 kcal, EW 31 g, F 28 g, KH 37 g

HIRSECURRY-PFANNE MIT LAMMFILET UND WÜRZJOGHURT

Zubereitungszeit 25 Minuten

FÜR 2 PERSONEN

Für das Curry

3 dünne Karotten (insg. 200 g, geschält 150 g)
1 kleiner Brokkoli (350 g, geputzt 250 g Brokkoliröschen)
3 Frühlingszwiebeln (geputzt 40 g)
½ Bund glatte Petersilie (20 g Blätter und Stängel)
70 g Hirse (schnellkochend)
20 g Kokosöl (4 TL)
1 TL Currypulver
300–350 ml Gemüsebrühe
½ TL Delikatess-Paprikapulver
1–2 Msp. gemahlener Kreuzkümmel (Cumin)
Salz
frisch gemahlener schwarzer Pfeffer
25 g Erdnusskerne (Natur oder geröstet und gesalzen)

Für den Würzjoghurt

100 g griechischer Naturjoghurt (10 % Fett)
Salz
1–2 Prisen gemahlener Kreuzkümmel (Cumin) oder Currypulver

Für das Fleisch

5 g Kokosöl (1 TL)
4 kleine Lammfilets (à 40 g)
Salz

Für das Curry die Karotten schälen, waschen und in 2 mm dünne Scheiben hobeln. Den Brokkoli in mundgerechte Röschen teilen, waschen und abtropfen lassen. ■ Die Frühlingszwiebeln putzen, die weißen Teile hacken und die grünen in Ringe schneiden. Die Petersilie abbrausen und trocken tupfen, dann Stiele und Blätter separat hacken. Die Hirse in ein Sieb geben, warm abbrausen und abtropfen lassen. ■ Das Kokosöl in einem Wok oder einer großen Pfanne erhitzen. Karotten, Brokkoli, weiße Frühlingszwiebelteile und Petersilienstängel darin bei mittlerer Hitze 1 Minute anbraten. An den Pfannenrand schieben und die Hirse in die Mitte geben. Das Currypulver darüberstreuen, 300 ml Brühe angießen und aufkochen. Den Deckel aufsetzen und bei knapp mittlerer Hitze 5 Minuten köcheln. ■ Den Deckel abnehmen und köcheln lassen, bis die Hirse gar und das Gemüse bissfest ist. Falls nötig, die restliche Brühe zugießen. Paprikapulver und Kreuzkümmel einrühren und mit Salz und Pfeffer abschmecken. Dann mit gehackten Petersilienblättern, grünen Frühlingszwiebelringen und Erdnusskernen bestreuen. ■ Parallel dazu für die Sauce den Joghurt mit etwas Salz und Kreuzkümmel verrühren. ■ Für das Fleisch das Kokosöl in einer kleinen Pfanne erhitzen. Die Lammfilets trocken tupfen, mit Salz würzen und im heißen Öl von beiden Seiten bei hoher Hitze insgesamt 2–2 ½ Minuten scharf braten. ■ Die Lammfilets auf dem Hirsecurry in der Pfanne anrichten und den Würzjoghurt in Klecksen daraufsetzen.

Pro Person 497 kcal, EW 35 g, F 25 g, KH 32 g

OFENGEMÜSE MIT TAHINI-SAUCE UND HÄHNCHEN

Zubereitungszeit 35 Minuten

FÜR 2 PERSONEN

Für Gemüse und Fleisch

½ Blumenkohl (400 g, geputzt 250 g Blumenkohlröschen)
2 Karotten (200 g, geschält 150 g)
1 kleine Süßkartoffel (ca. 200 g, geschält 150 g)
30 ml Erdnussöl (6 TL)
10 ml Ahornsirup (2 TL)
Salz
frisch gemahlener schwarzer Pfeffer
½ TL Delikatess-Paprikapulver
½ TL gemahlener Kreuzkümmel (Cumin)
6–8 Zweige Thymian (2 g Blätter)
½ Bund glatte Petersilie (15 g Blätter)
1 großes Hähnchenbrustfilet (225 g)

Für die Sauce

30 g helles Tahini (Sesammus, 6 TL)
10 g weiße Misopaste (2 TL)
15 ml Zitronensaft (3 TL)
1–2 Prisen gemahlener Kreuzkümmel (Cumin)
1–2 Prisen Cayennepfeffer
Salz
frisch gemahlener schwarzer Pfeffer

TIPP Sie können die Tahini-Sauce auch separat zum Gericht servieren. Probieren Sie auch mal folgende Würzvariante: Ersetzen Sie das Paprikapulver durch Räucherpaprika (Pimentón de la Vera) für einen kräftigen BBQ-Geschmack.

Den Backofen auf 220 °C Ober-/Unterhitze vorheizen. ■ Den Blumenkohl putzen, waschen und in 1–1,5 cm große Röschen teilen. Karotten schälen, waschen und in 3 mm dünne Scheiben hobeln. Die Süßkartoffel schälen und 2 cm groß würfeln. Das Gemüse in eine Auflaufform füllen. ■ 5 TL Öl mit Ahornsirup, Salz, Pfeffer, Paprikapulver und Kreuzkümmel verrühren, über das Gemüse träufeln und gründlich mischen. Im vorgeheizten Ofen 15–20 Minuten backen, dabei zwischendurch gelegentlich umrühren. ■ Inzwischen für die Sauce Tahini mit Misopaste und Zitronensaft verrühren. Nach und nach 5–6 TL Wasser einarbeiten, bis die gewünschte Konsistenz erreicht ist. Kreuzkümmel und Cayennepfeffer einrühren und die Sauce mit Salz und Pfeffer abschmecken. ■ Die Kräuter abbrausen, trocken tupfen, hacken und beiseitestellen. ■ Das Hähnchenbrustfilet kalt abbrausen, trocken tupfen, in daumendicke Streifen schneiden und salzen. Das restliche Öl in einer Pfanne erhitzen und das Fleisch darin bei mittlerer bis hoher Hitze 5–6 Minuten rundum goldbraun braten. ■ Die Auflaufform aus dem Ofen nehmen, die Kräuter über das Ofengemüse streuen und die Tahini-Sauce darüberträufeln. Die Fleischstreifen darauf anrichten und sofort servieren.

Pro Person 442 kcal, EW 28 g, F 24 g, KH 28,5 g

ORIENTALISCHE HIRSE-BOWL

Zubereitungszeit 25 Minuten

FÜR 2 PERSONEN

1 Hähnchenbrustfilet (180 g)
Salz
10 ml Erdnussöl (2 TL)
½ TL Delikatess-Paprikapulver
frisch gemahlener schwarzer Pfeffer
70 g Hirse (schnellkochend)
ca. 170 ml Gemüsebrühe
1–1 ½ TL Ras el-Hanout (alternativ Currypulver)
100 g Cocktailtomaten
4 Stängel Minze (7 g Blätter)
100 g griechischer Naturjoghurt (10 % Fett)
10–15 ml Limettensaft (2–3 TL)
1 kleine Avocado (100 g Fruchtfleisch)

Das Hähnchenbrustfilet kalt abspülen und trocken tupfen. An der dicksten Stelle etwas flacher klopfen und salzen. ■ Das Öl in einer Pfanne erhitzen und das Fleisch darin bei mittlerer Hitze von beiden Seiten insgesamt 3–4 Minuten scharf anbraten. Auf niedrige Hitze zurückschalten, das Fleisch mit Paprikapulver und Pfeffer würzen, den Deckel aufsetzen und etwa 10 Minuten fertig garen. ■ Inzwischen die Hirse in ein feines Sieb geben und gründlich waschen. Mit 150 ml Gemüsebrühe in einen Topf geben und aufkochen. ½ TL Ras el-Hanout einrühren und 7–10 Minuten ausquellen lassen. ■ Währenddessen die Tomaten waschen, halbieren und die Stielansätze wegschneiden. Die Minze abbrausen und trocken tupfen. ■ Den Joghurt mit Salz, Pfeffer, etwas Ras el-Hanout und einem Spritzer Limettensaft glatt rühren. Die Avocado schälen, halbieren, entkernen und in Spalten schneiden. Salzen und mit etwa 1 TL Limettensaft beträufeln. ■ Das fertig gegarte Hähnchenfleisch in Alufolie wickeln und kurz ruhen lassen. Den Bratensatz in der Pfanne mit der restlichen Brühe lösen und den restlichen Limettensaft einrühren. ■ Die Hirse in zwei Bowls geben. Das Fleisch aufschneiden und daneben anrichten. Die Sauce aus der Pfanne über Hirse und Fleisch träufeln und mit dem restlichen Ras el-Hanout bestäuben. Tomaten und Avocado daneben anrichten, den Joghurt zugeben und die Hirse-Bowls mit den Minzblättern bestreuen.

Pro Person 451 kcal, EW 15 g, F 30 g, KH 26 g

GEFÜLLTER BUTTERNUT-KÜRBIS MIT GRÜNKOHL, TOMATEN UND FETA

Zubereitungszeit 40 Minuten plus 15–20 Minuten Backzeit

FÜR 2 PERSONEN

½ großer oder 1 kleiner Butternut-Kürbis (ca. 700 g, 500 g Fruchtfleisch)
30 ml Erdnussöl (6 TL; alternativ Sonnenblumenöl)
Salz
1 rote Zwiebel (60 g, geschält 50 g)
1–2 Knoblauchzehen (geschält 5 g)
100 g Cocktailtomaten
125 g Feta (48 % Fett)
75 g gehackter TK-Grünkohl (Natur, portionierbar)
frisch gemahlener schwarzer Pfeffer
½ TL Delikatess-Paprikapulver
½ TL Pimentón de la Vera (Räucherpaprika)
¼ TL gemahlener Kreuzkümmel (Cumin)
1–2 Prisen Chiliflocken

Den Backofen auf 200 °C Umluft vorheizen und eine Auflaufform hineinstellen. ■ Falls ein ganzer Kürbis verwendet wird, den Kürbis längs halbieren, entkernen und schälen, ansonsten eine große Kürbishälfte entkernen und schälen. Etwa 100 g Kürbisfleisch herauskratzen (nicht wegwerfen), um genug Platz für die Füllung zu haben. Den runden Boden gerade abschneiden, damit der Kürbis standfest ist. Außen und innen mit 2 TL Öl bestreichen und salzen. In die heiße Auflaufform geben und im vorgeheizten Ofen 20–25 Minuten vorbacken – falls der Kürbis zu schnell bräunt, mit Alufolie abdecken. ■ Inzwischen Zwiebel und Knoblauchzehe(n) schälen und hacken. Ausgekratztes Kürbisfleisch klein hacken. Die Tomaten waschen und würfeln. Den Feta zerbröseln. ■ Das restliche Öl in einer Pfanne erhitzen und die Zwiebel darin bei mittlerer Hitze glasig andünsten. Den Knoblauch hinzufügen und kurz mitdünsten. Den gehackten Kürbis zugeben und 1–2 Minuten sanft braten. Den gefrorenen Grünkohl in die Pfanne geben und etwa 3 Minuten mitgaren. Vom Herd nehmen, mit Salz, Pfeffer, Paprikapulver, Räucherpaprika, Kreuzkümmel und Chiliflocken kräftig würzen, dann Tomaten und Feta untermischen. ■ Die Ofentemperatur auf 180 °C Umluft herunterschalten. Die Füllung in die vorgebackenen Kürbishälften füllen, gut festdrücken und einen gleichmäßigen Hügel formen. Weitere 15–20 Minuten backen, dabei nach der Hälfte der Backzeit eventuell mit Alufolie locker abdecken (wird ein kleiner ganzer Kürbis verwendet, ist die Backzeit eher etwas kürzer. Bei einer großen Kürbishälfte etwas länger, weil die Wand dicker ist). ■ Aus dem Ofen nehmen, den gefüllten Kürbis in Scheiben schneiden und servieren.

TIPP Den heißen Kürbis mit einem Klecks griechischem Naturjoghurt anrichten. Dafür 150 g Joghurt mit einem Spritzer Zitronensaft, Salz und etwas Cayennepfeffer verrühren. Die Nährwerte betragen dann pro Person: 537 kcal, EW 17 g, F 37 g, KH 29 g.

Vegane Variante Statt Feta 175 g in kleine Würfel geschnittenen Tofu verwenden. Die Nährwerte betragen dann pro Person: 449 kcal, EW 17 g, F 27 g, KH 29 g.

Pro Person 403 kcal, EW 11 g, F 24 g, KH 32 g

HAUPTGERICHT VEGETARISCH

CURRY MIT KÜRBIS, KICHERERBSEN UND SPINAT

Zubereitungszeit 35 Minuten

FÜR 2 PERSONEN

½ kleiner Butternut-Kürbis (350 g Fruchtfleisch)
1 rote Zwiebel (70 g, geschält 60 g)
1 große Knoblauchzehe (5 g)
½ frische, große rote Chilischote (10 g)
50 g Blattspinat (geputzt, ohne Stiele 40 g)
100 g Cocktailtomaten
½ Dose Kichererbsen (135 g Abtropfgewicht)
20 g Kokosöl (4 TL)
½ TL gemahlener Kreuzkümmel (Cumin)
½ TL gemahlene Kurkuma
½ TL Delikatess-Paprikapulver
20 g Tomatenmark (4 TL)
250 ml Gemüsebrühe
100 g Doppelrahmfrischkäse
Salz
frisch gemahlener schwarzer Pfeffer
1–2 Prisen Cayennepfeffer

Außerdem
Wok

Den Kürbis entkernen, bis zum orangefarbenen Fruchtfleisch schälen und 1,5 cm groß würfeln. ■ Zwiebel und Knoblauchzehe schälen und hacken. Die Chilischote waschen und in schmale Ringe schneiden, die Kerne dabei entfernen. ■ Den Blattspinat verlesen, die Stiele abknipsen. Dann gründlich waschen und abtropfen lassen. Die Tomaten waschen, längs halbieren und die Stielansätze wegschneiden. Die Kichererbsen in ein Sieb geben, gründlich abbrausen und abtropfen lassen. ■ Das Kokosöl in einem Wok erhitzen und die Zwiebel darin bei mittlerer Hitze glasig andünsten. Den Knoblauch hinzufügen und kurz mitdünsten. Dann den Kürbis zugeben und 3 Minuten unter Rühren anbraten. Die Tomaten 1 Minute mitbraten. Mit Kreuzkümmel, Kurkuma und Paprikapulver bestäuben und untermischen. Das Gemüse an den Rand schieben und das Tomatenmark im Wok anrösten. Mit der Brühe ablöschen, aufkochen und weitere 3 Minuten köcheln. ■ Den Frischkäse einrühren und 1–2 Minuten einköcheln lassen. Die Kichererbsen zugeben und im Curry erwärmen. Mit Salz, Pfeffer und Cayennepfeffer abschmecken. Den Blattspinat unterheben und 2 Minuten erhitzen, bis er zusammengefallen ist. ■ Das Curry mit den Chiliringen bestreuen und sofort servieren.

TIPP Statt Kreuzkümmel, Kurkuma und Paprikapulver Gewürze wie gemahlenen Zimt, Koriander, Ingwer und Kardamom verwenden oder diese zusätzlich hinzufügen.

Pro Person 348 kcal, EW 21 g, F 23 g, KH 21 g

GRATINIERTE ROTE BETE MIT FETA UND WALNÜSSEN

Zubereitungszeit 10 Minuten plus 15 Minuten Backzeit

FÜR 2 PERSONEN

1 TL Olivenöl
300 g vakuumverpackte gegarte Rote Bete
50 ml Orangensaft
1 TL abgeriebene Bioorangenschale
10 g Akazienhonig (2 TL)
Salz
frisch gemahlener schwarzer Pfeffer
125 g Feta (48 % Fett)
6–8 Zweige Thymian (2 g Blätter)
20 g Walnusskerne
10 ml Balsamico-Essig (2 TL)

Den Backofen auf 170 °C Umluft vorheizen. ■ Eine Auflaufform mit dem Öl ausstreichen. Die Roten Beten trocken tupfen, in gleichmäßige, etwa 2 cm dicke Scheiben schneiden und nebeneinander in die Form legen. ■ Orangensaft, -abrieb und Honig mit Salz und Pfeffer verrühren und die Rote-Bete-Scheiben gleichmäßig mit der Mischung bestreichen. Den Feta zerbröseln und darüber verteilen. In den vorgeheizten Ofen auf die mittlere Schiene geben und etwa 15 Minuten backen, bis der Feta leicht gebräunt ist. ■ Inzwischen den Thymian abbrausen, trocken tupfen und die Blätter hacken. Die Walnüsse grob hacken. ■ Die Auflaufform aus dem Ofen nehmen, Thymian und Walnüsse über die gratinierten Roten Beten streuen, den Essig darüberträufeln und servieren.

Pro Person 489 kcal, EW 26 g, F 31 g, KH 26 g

GEMÜSE-TORTILLA

Zubereitungszeit 30 Minuten plus 10–12 Minuten Garzeit

FÜR 2 PERSONEN

Salz
½ kleiner Brokkoli (150 g, geputzt 100 g Brokkoliröschen)
1 kleine Süßkartoffel (200 g, geschält 150 g)
1 rote Paprikaschote (175 g, geschält und geputzt 125 g)
1 kleinere feste Zucchini (135 g, geputzt 125 g)
2–3 Stängel glatte Petersilie (5 g Blätter)
4 Eier (Größe M)
75 ml Milch (3,5 % Fett)
frisch gemahlener schwarzer Pfeffer
frisch geriebene Muskatnuss
½ Mozzarellakugel (62,5 g)
20 ml Erdnussöl (4 TL; alternativ Sonnenblumenöl)
100 g Cocktailtomaten

Salzwasser in einem Topf zum Kochen bringen. Den Brokkoli in 1–2 cm kleine Röschen teilen, waschen und im kochenden Wasser 1 Minute blanchieren. Abgießen und abtropfen lassen. ■ Süßkartoffel schälen und knapp 1 cm groß würfeln. Paprikaschote schälen, vierteln, entkernen, abspülen und knapp 1 cm groß würfeln. Zucchini waschen und ungeschält ebenfalls knapp 1 cm groß würfeln. ■ Die Petersilie abbrausen, trocken tupfen und hacken. Die Eier mit der Milch verquirlen, salzen, pfeffern und mit Muskatnuss würzen. Den Mozzarella trocken tupfen und würfeln. ■ Das Öl in einer Pfanne erhitzen und die Süßkartoffel darin bei hoher Hitze unter Rühren 2 Minuten anbraten. An den Pfannenrand schieben, die Paprika zugeben und weitere 2 Minuten unter Rühren anbraten. Wieder an den Rand schieben, Zucchini und Brokkoli hinzufügen und 1–2 Minuten braten. ■ Die Hitze reduzieren, das Gemüse mischen und mit Salz und Pfeffer würzen. Die Eiermilch darübergießen und durch Rütteln der Pfanne gleichmäßig verteilen. Mozzarella darüber verteilen, den Deckel auflegen und die Gemüse-Tortilla 10–12 Minuten stocken lassen. ■ Die fertige Tortilla mit der Petersilie bestreuen. Die Tomaten waschen, halbieren und die Stielansätze wegschneiden. Mit Salz und Pfeffer würzen und zur Gemüse-Tortilla servieren.

Pro Person 500 kcal, EW 27 g, F 24 g, KH 29 g

HAUPTGERICHT VEGETARISCH

KÜRBIS-ZUCCHINI-FETA-AUFLAUF

Zubereitungszeit 20 Minuten plus ca. 30 Minuten Backzeit

FÜR 2 PERSONEN

½ mittelgroßer Hokkaido-Kürbis (300 g Fruchtfleisch)
3 kleine Zucchini (insg. 400 g, geputzt 380 g)
2–3 Frühlingszwiebeln (geputzt 30 g)
1–2 Knoblauchzehen (geschält 5 g)
10 ml Olivenöl (2 TL)
Salz
frisch gemahlener schwarzer Pfeffer
100 g Feta (48 % Fett)
3 Eier (Größe M)
150 ml Milch (3,5 % Fett)
1 TL Delikatess-Paprikapulver
1–2 Prisen Chiliflocken
1–2 Prisen frisch geriebene Muskatnuss

Den Kürbis putzen, Fasern und Kerne herauskratzen und abspülen. Auf dem Hobel in 3 mm dünne Spalten schneiden. Die Zucchini waschen und in 6–7 mm dünne Scheiben hobeln, damit das Gemüse gleichmäßig gart. ■ Frühlingszwiebeln putzen, die weißen und grünen Teile separat in Ringe schneiden. Die Knoblauchzehe(n) schälen und hacken. ■ Den Backofen auf 180 °C Umluft vorheizen und eine Auflaufform (etwa 20 × 30 cm) mit dem Öl ausstreichen. ■ Kürbis und Zucchini abwechselnd schräg einschichten, dann mit Salz und Pfeffer würzen. Den Feta zerbröseln und mit weißen Frühlingszwiebelringen und Knoblauch zwischen den Scheiben verteilen. ■ Die Eier mit der Milch verquirlen, mit Salz, Pfeffer, Paprikapulver, Chiliflocken und Muskatnuss würzen und über das Gemüse gießen. Im vorgeheizten Ofen etwa 30 Minuten goldbraun backen. ■ Herausnehmen, mit den grünen Frühlingszwiebelringen bestreuen und servieren.

Pro Person 474 kcal, EW 15 g, F 29 g, KH 40 g

HAUPTGERICHT VEGETARISCH

VOLLKORN-REISNUDELN UND RETTICHNUDELN MIT AVOCADOSAUCE

Zubereitungszeit 30 Minuten

FÜR 2 PERSONEN

Für die Sauce

½ Bund glatte Petersilie (20 g Stiele und Blätter)
6–8 Stängel Basilikum (10 g Stiele und Blätter)
1 große Avocado (150 g Fruchtfleisch)
1 große Knoblauchzehe (5 g)
15 ml Zitronensaft (3 TL)
1 TL abgeriebene Biozitronenschale
Salz
frisch gemahlener schwarzer Pfeffer

Für Topping und Nudeln

20 g Pinienkerne
30 g Parmesan
Salz
80 g Vollkorn-Reisnudeln
(alternativ rote Linsen- oder Kichererbsennudeln)
500 g weißer Rettich (ergibt 400 g Rettichnudeln)

Außerdem

Spiralschneider

Vegane Variante Für eine vegane Variante den Parmesan für das Topping weglassen, dafür die doppelte Menge Pinienkerne (40 g) verwenden. Die Nährwerte betragen dann pro Person: 485 kcal, EW 10 g, F 31 g, KH 41 g.

Für die Sauce die Kräuter abbrausen, trocken tupfen und grob hacken. Die Avocado halbieren, entkernen, das Fruchtfleisch mit einem Löffel herausheben und mit den Kräutern in einen hohen Mixbecher geben. Die Knoblauchzehe schälen, hacken und mit dem Zitronensaft zugeben. Mit dem Stabmixer pürieren, dann den Zitronenabrieb einrühren und mit Salz und Pfeffer würzen. ■ Für das Topping die Pinienkerne in einer kleinen Pfanne ohne Fettzugabe goldgelb rösten. Den Parmesan reiben. ■ Für die Nudeln Salzwasser in einem Topf zum Kochen bringen. Die Reisnudeln ins kochende Wasser geben und 10–12 Minuten garen. ■ Inzwischen den Rettich schälen und mit dem Spiralschneider in „Spaghetti" schneiden. ■ Während der letzten 2–3 Minuten Kochzeit die Rettichnudeln zu den Reisnudeln geben und den Deckel kurz auflegen, damit das Wasser schnell wieder kocht, dann ohne Deckel fertig kochen. In ein Sieb abgießen und dabei etwas Kochwasser auffangen. ■ 30–45 ml Kochwasser zum Avocadopüree geben und zu einer dicklichen Sauce verrühren. ■ Die Nudeln auf zwei vorgewärmte Schalen verteilen und die Avocadosauce darübergeben. Mit Pinienkernen und Parmesan bestreuen und sofort servieren.

Pro Person 568 kcal, EW 31 g, F 37 g, KH 27 g

SÜSSKARTOFFEL-FISCH-CURRY MIT ZITRONENGRAS

Zubereitungszeit 35 Minuten

FÜR 2 PERSONEN

2 rote Paprikaschoten (insg. 350 g, geschält und geputzt 200 g)
½ großer Brokkoli (300 g, geputzt 200 g Brokkoliröschen)
1 kleine Süßkartoffel (200 g, geschält 150 g)
1 frische große rote Chilischote (geputzt 20 g)
1 Stängel Zitronengras (geputzt 15 g)
1 kleines Bund Koriandergrün (Stängel und Blätter 15 g)
250 g Seelachsfilet
25 g Kokosöl (5 TL)
100 ml Kokosmilch (70–90 % Kokosnussanteil)
150–200 ml Gemüsebrühe
½ TL Delikatess-Paprikapulver
1–2 Prisen gemahlener Kreuzkümmel (Cumin)
1–2 Prisen Currypulver
Salz
frisch gemahlener schwarzer Pfeffer
100 g Doppelrahmfrischkäse

Außerdem
Wok

Die Paprikaschoten schälen, halbieren, entkernen, abspülen und 2 cm groß würfeln. Den Brokkoli in kleine Röschen teilen, abbrausen und abtropfen lassen. Die Süßkartoffel schälen und 1,5 cm groß würfeln. Die Chilischote längs halbieren, entkernen, abspülen und hacken. ■ Vom Zitronengras die äußeren harten Hüllen entfernen und den unteren Teil auf einer scharfen Reibe zerkleinern. Koriandergrün abbrausen und trocken tupfen, dann die Stängel fein hacken, die Blätter ganz lassen. ■ Das Seelachsfilet kalt abspülen, trocken tupfen und 2–3 cm groß würfeln. ■ Das Kokosöl in einem Wok erhitzen und die Paprika darin bei mittlerer bis hoher Hitze unter Rühren 2 Minuten braten. Brokkoli und Süßkartoffel zugeben und 1 Minute rührbraten. ■ Kokosmilch und 150 ml Brühe angießen und aufkochen. Das Zitronengras zufügen, den Deckel aufsetzen und bei knapp mittlerer Hitze 4 Minuten köcheln lassen. ■ Gehackte Korianderstängel, Paprikapulver, Kreuzkümmel und Currypulver dazugeben und mit Salz und Pfeffer würzen. Den Frischkäse einrühren und, falls nötig, die restliche Brühe zugießen. Die Fischwürfel auf das Curry legen, leicht eindrücken und 2–3 Minuten gar ziehen lassen. ■ Das Süßkartoffel-Fisch-Curry auf zwei Schalen verteilen, mit Chili und Korianderblättern bestreuen und sofort servieren.

Pro Person 502 kcal, EW 27 g, F 34 g, KH 21 g

ASIATISCHES ZOODLE-CURRY

Zubereitungszeit 30 Minuten

FÜR 2 PERSONEN

1 Stück weißer Rettich (ca. 300 g, ergibt 200 g Rettichnudeln)
2 dicke Karotten (insg. ca. 300 g, ergibt 200 g Karottennudeln)
2–3 Frühlingszwiebeln (geputzt 30 g)
1 frische rote Chilischote (geputzt 15 g)
1 Stängel Zitronengras (geputzt 15 g)
10 g Koriandergrün (Stiele und Blätter)
½ Dose Kichererbsen (130 g Abtropfgewicht)
200 g rohe Bioriesengarnelen (ausgelöst und Darmfäden entfernt)
30 g Kokosöl (6 TL)
10 g Tomatenmark (2 TL)
10 g rote Thai-Currypaste oder scharfes Currypulver (2 TL)
150 ml Kokosmilch (70–90 % Kokosnussanteil)
100 ml Gemüsebrühe
5–10 ml Limettensaft (1–2 TL)
1 TL abgeriebene Biolimettenschale
Salz

Außerdem
Spiralschneider
Wok

Hinweis! „Nudeln" aus Zucchini, Zoodles genannt, haben sehr wenige Kalorien, sind ein köstlicher Low-Carb-Genuss und sehr gesund.

Rettich und Karotten schälen, abspülen und mit dem Spiralschneider zu feinen Zoodles verarbeiten. ■ Die Frühlingszwiebeln putzen, dann weiße und grüne Teile separat in dünne Ringe schneiden. Die Chilischote längs halbieren, entkernen, abspülen und hacken. ■ Vom Zitronengras die äußeren harten Hüllen entfernen und den unteren Teil auf einer scharfen Reibe zerkleinern. Das Koriandergrün abbrausen und trocken tupfen. Dann die Stiele fein hacken, die Blätter ganz lassen. ■ Die Kichererbsen in ein Sieb geben, gründlich abbrausen und abtropfen lassen. Die Garnelen kalt abbrausen und trocken tupfen. ■ Das Kokosöl im Wok erhitzen und die Garnelen darin bei mittlerer bis hoher Hitze 1 Minute rundum anbraten, bis sie sich gerade rosa färben. Herausnehmen. ■ Weiße Frühlingszwiebelringe, Korianderstiele und Gemüsenudeln zugeben und 1 Minute bei hoher Hitze rührbraten. An den Rand schieben. Tomatenmark und Currypaste anrösten, mit Kokosmilch und Brühe ablöschen, dabei ständig rühren. Zitronengras und Kichererbsen zugeben, aufkochen und 2 Minuten unter Rühren garen. ■ Die Hitze reduzieren und die Garnelen hineinlegen. Den Deckel aufsetzen und 2 weitere Minuten simmern, bis die Garnelen gar, aber innen noch glasig und die Gemüsenudeln bissfest sind. ■ Das Curry vom Herd nehmen, grüne Frühlingszwiebelringe, Chili, Limettensaft und -abrieb einrühren und mit Salz abschmecken. Mit Chili und Korianderblättern bestreuen und sofort servieren.

Pro Person 309 kcal, EW 15 g, F 15 g, KH 30 g

SOMMERROLLEN MIT ASIA-DIP

Zubereitungszeit 35 Minuten

FÜR 2 PERSONEN

Für die Rollen

100 g gegarte, geschälte Biogarnelen (ca. 18 Stück)
10 ml Limettensaft (2 TL)
½ TL abgeriebene Biolimettenschale
1 große Karotte (125 g, geschält 100 g)
15 ml geröstetes Sesamöl (3 TL)
Salz
2–3 Frühlingszwiebeln (geputzt 40 g)
1 Minigurke (50 g mit Schale)
4 TL geschälte Sesamsaat (15 g)
1 kleines Bund Koriandergrün (15 g mit Stielen)
6 große oder 12 kleine Minzblätter (5 g)
6 Blätter Reispapier (à 7,5 g, Ø 20–22 cm)

Für den Dip

15 ml Austernsauce (3 TL)
10 ml Sojasauce (z. B. Tamari; 2 TL)
15 ml Limettensaft (3 TL)
½ TL abgeriebene Biolimettenschale
5 ml geröstetes Sesamöl (1 TL)
1–2 Prisen Chiliflocken

Für die Rollen die Garnelen kalt abbrausen und trocken tupfen. Mit Limettensaft und -abrieb mischen und bis zur Verwendung kalt stellen. ■ Die Karotte schälen, abspülen und auf einer Julienne-Reibe in feinste Stifte hobeln. Mit dem Sesamöl mischen und leicht salzen. Die Frühlingszwiebeln putzen, quer dritteln und längs in dünne Streifen schneiden. Die Gurke waschen und längs in Streifen schneiden. Den Sesam in einer kleinen Pfanne ohne Fettzugabe goldgelb rösten. Die Kräuter abbrausen und trocken tupfen. ■ Ein Reisblatt in einen tiefen Teller mit lauwarmem Wasser legen und weich werden lassen – das dauert 45–60 Sekunden. Auf einen flachen Teller legen und mit Küchenpapier leicht abtupfen. In die Mitte einen etwa 4 × 10 cm breiten Streifen Karotten-Julienne legen und etwas Sesam darüberstreuen. Darauf Frühlingszwiebel- und Gurkenstreifen legen, dann Garnelen und Kräuter – dabei jeweils ein Sechstel der Zutatenmengen verwenden. ■ Von unten her das weiche Reispapier über die Füllung ziehen, die Seiten einschlagen und so fest wie möglich aufrollen. Mit der Nahtstelle nach unten auf einen Teller legen. Mit den restlichen Zutaten auf die gleiche Weise verfahren und insgesamt sechs Rollen erstellen. Bis zum Servieren mit Frischhaltefolie abdecken, damit das Reispapier nicht trocknet. ■ Für den Dip Austern- und Sojasauce mit Limettensaft, -abrieb und Sesamöl verrühren. Nach Geschmack die Chiliflocken zugeben. ■ Die Sommerrollen mit dem Asia-Dip servieren.

Pro Person 295 kcal, EW 7 g, F 20 g, KH 22 g

AVOCADO-SCHOKO-CREME MIT MANGO

Zubereitungszeit 10 Minuten

FÜR 2 PERSONEN

1 mittelgroße Avocado (125 g Fruchtfleisch)
125 g Seidentofu
20 g dunkles Kakaopulver
25 g Ahornsirup (5 TL)
1 Msp. Vanillepulver (Bourbonvanille)
etwas frisch geriebene Tonkabohne
1 kleine Mango (125 g Fruchtfleisch)
50 g Blaubeeren

Die Avocado halbieren, entkernen und das Fruchtfleisch mit einem Löffel herauslösen. Mit Seidentofu und Kakaopulver in einen hohen Mixbecher geben und mit dem Stabmixer fein pürieren. ■ Mit dem Ahornsirup süßen und mit Vanillepulver und etwas geriebener Tonkabohne aromatisieren. ■ Die Mango schälen, das Fruchtfleisch in knapp 1 cm dicken Scheiben vom Stein schneiden und in Würfel schneiden. Die Blaubeeren waschen und trocken tupfen. ■ Avocado-Schoko-Creme in zwei Schalen füllen, Mangowürfel und Blaubeeren darauf anrichten und servieren.

TIPP Anstelle der Avocado 125 ml Kokosmilch (70–90 %) verwenden. Die Nährwerte betragen dann pro Person: 290 kcal, EW 7 g, F 19 g, KH 25 g.

Pro Person 328 kcal, EW 24 g, F 15 g, KH 24 g

TROPICAL BOWL

Zubereitungszeit 10 Minuten

FÜR 2 PERSONEN

300 g Magerquark
60 ml Orangensaft
2 TL abgeriebene Bioorangenschale
8 g Erythrit (2 TL)
10 ml Leinöl (2 TL)
1 kleine Mango (150 g Fruchtfleisch)
100 g Aprikosen
30 g Kokosraspel

Den Quark mit Orangensaft, 1 TL Orangenabrieb, Erythrit und Leinöl glatt rühren und auf zwei Bowls verteilen. ■ Die Mango schälen, in dünnen Scheiben vom Stein schneiden und die Scheiben in Streifen schneiden. ■ Aprikosen waschen, trocken tupfen, halbieren, entsteinen und würfeln. ■ Mango und Aprikosen auf dem Quark anrichten. ■ Die Kokosraspel in einer Pfanne ohne Fettzugabe goldgelb rösten und über die Tropical Bowls streuen.

TIPP Für einen extratropischen Geschmack den Quark mit einigen Spritzern Limettensaft und einer Prise Chiliflocken abschmecken.

Pro Person 292 kcal, EW 11 g, F 19 g, KH 20 g

KARAMELLISIERTER ZIEGENKÄSE AUF APFELSCHEIBEN

Zubereitungszeit 20 Minuten

FÜR 2 PERSONEN

1 großer Apfel (z. B. Boskop; ca. 280 g, geschält und entkernt 200 g)
15 ml Olivenöl (3 TL)
10 g Akazienhonig (2 TL)
100 g Ziegenfrischkäse-Taler (5 Stück, 40 % Fett)
4–5 Zweige Thymian (z. B. Zitronenthymian; 1–2 g Blätter)
7 g Rohrohrzucker (1 ½ TL)
frisch gemahlener schwarzer Pfeffer (nach Belieben)

Außerdem
Küchen-Bunsenbrenner

Den Apfel schälen, mit einem Ausstecher das Kerngehäuse entfernen, den Apfel quer in sechs gleichmäßig dicke Scheiben schneiden. ■ Das Öl in einer Pfanne erhitzen und die Apfelscheiben darin bei niedriger bis mittlerer Hitze etwa 4 Minuten sanft braten, dabei gelegentlich wenden. ■ Mit dem Honig beträufeln und noch 2–3 Minuten garen. ■ Die Ziegenfrischkäse-Taler waagerecht halbieren und auf die Apfelscheiben legen. Den Deckel aufsetzen und etwa 2 Minuten leicht schmelzen lassen. ■ Inzwischen den Thymian abbrausen, trocken tupfen und die Blätter abstreifen. ■ Die Apfelscheiben auf zwei Tellern anrichten, den leicht geschmolzenen Käse mit dem Zucker bestreuen und mit dem Küchen-Bunsenbrenner karamellisieren. Nach Belieben leicht pfeffern und mit dem Thymian bestreuen. Sofort servieren.

Pro 100 g: 221 kcal, EW 19 g, F 13 g, KH 4 g

DOC FLECKS KAROTTEN-MANDEL-BROT

Zubereitungszeit 35 Minuten plus 100 Minuten Backzeit und 15 Minuten Nachgarzeit

FÜR 1 BROT (1 KG)

120 g Goldleinsamen
120 g Mandelmehl (Low Carb)
50 g gemahlene Flohsamenschalen
20 g Backpulver (1 ⅓ Pck.)
60 g geschälte Hanfsamen
5 Eier (Größe M)
250 g Quark (20 % Fett)
10 g Salz (1 ½ TL)
10 ml Apfelessig (2 EL)
3–4 Karotten (insg. 350 g, geschält 270 g)

Den Backofen auf 160 °C Umluft vorheizen. ■ Die Leinsamen im Standmixer relativ fein mahlen. Mit Mandelmehl und Flohsamenschalen in eine Schüssel geben und vermengen. Das Backpulver darübersieben und untermischen. Dann die Hanfsamen einrühren. ■ In einer anderen Schüssel Eier, Quark, Salz und Essig mit den Quirlen des Handrührgeräts glatt verrühren. Die Karotten schälen, in grobe Stücke schneiden und im Standmixer (siehe auch Tipp) bei Stufe 3 (von 10) etwa 45 Sekunden zerkleinern – sie sollten eine Körnigkeit wie Bulgur haben. Die Karotten in die Quarkmasse rühren. ■ Die trockene Mandelmehlmischung mit dem Handrührgerät nach und nach in die Quarkmischung rühren und zum Binden etwa 5 Minuten ruhen lassen. ■ Eine Kastenform (etwa 11 × 25 cm) mit Backpapier auslegen. Den Teig in die vorbereitete Form füllen und mit einem angefeuchteten Spatel glatt streichen. Mit der Kante des Spatels die Oberfläche im Abstand von 2 cm mehrfach einritzen. ■ Im vorgeheizten Ofen auf der mittleren Schiene 100 Minuten backen, dabei nach der halben Zeit die Form einmal umdrehen, damit das Brot gleichmäßig backt. ■ Am Ende der Backzeit mit einem Stäbchen eine Garprobe machen. Den Ofen ausschalten und das Brot bei geöffneter Ofentür noch 15 Minuten nachgaren lassen. ■ Herausnehmen, das Brot aus der Form heben und auf einem Kuchengitter vollständig auskühlen lassen. ■ Karotten-Mandel-Brot aufschneiden und zwischen Lagen von Backpapier in Clipboxen aufbewahren. Am besten einfrieren und portionsweise entnehmen.

TIPP Die Angaben gelten für einen Standmixer oder Hochleistungsmixer. Für einen weniger starken Mixer die Zeiten anpassen. Die Karotten sollten nicht musig werden.

Pro 100 g: 290 kcal, EW 16 g, F 21 g, KH 3,5 g

DOC FLECKS VEGANES MANDEL-SAATEN-BROT

Zubereitungszeit 15 Minuten plus 15 Minuten Quellzeit und 75 Minuten Backzeit

FÜR 1 BROT (CA. 940 G)

100 g gemahlene unblanchierte Mandeln
100 g Mandelmehl (weiß oder braun, Low Carb)
100 g Goldleinsamen (frisch geschrotet)
50 g gemahlene Flohsamenschalen
100 g Chiasamen
15 g Backpulver (1 Pck.)
10 g Salz (1 ½ TL)
100 g Sonnenblumenkerne
30 g Kokosöl (6 TL)
15 ml Apfelessig (3 TL)

Gemahlene Mandeln, Mandelmehl, Leinsamen, Flohsamenschalen, Chiasamen, Backpulver und Salz in einer Schüssel gründlich und klümpchenfrei vermengen. Dann die Sonnenblumenkerne untermischen. ■ Das Kokosöl in 500 ml warmem Wasser auflösen und den Essig einrühren. Langsam in die Mehlmischung gießen, dabei mit den Knethaken des Handrührgeräts alles gründlich vermischen und noch 3–4 Minuten kneten. Den Teig etwa 15 Minuten quellen lassen. ■ Inzwischen den Backofen auf 150 °C Umluft vorheizen und eine Kastenform (etwa 14 × 22 cm) mit Backpapier auslegen. ■ Den Teig in die vorbereitete Form füllen, gut andrücken und die Oberfläche mit einem Spatel glätten. Dann mehrmals schräg einritzen. ■ Im vorgeheizten Ofen auf der mittleren Schiene 75 Minuten backen, dabei nach der halben Zeit die Form einmal umdrehen, damit das Brot gleichmäßig backt. ■ Am Ende der Backzeit mit einem Stäbchen eine Garprobe machen und gegebenenfalls weitere 10 Minuten backen. Ansonsten den Ofen ausschalten und das Brot bei halb geöffneter Ofentür noch 1 Minute nachgaren lassen. ■ Herausnehmen, das Brot aus der Form heben und auf einem Kuchengitter vollständig auskühlen lassen. ■ Das Mandel-Saaten-Brot am besten in Scheiben schneiden und portionsweise einfrieren.

Pro Person 301 kcal, EW 19 g, F 20 g, KH 13 g

DOC FLECKS FASTENSALAT

Zubereitungszeit 20 Minuten

FÜR 2 PERSONEN

Salz
½ kleiner Brokkoli (175 g, geputzt 125 g Brokkoliröschen)
5–6 Minigurken (200 g)
2–3 dicke Selleriestangen (geputzt 150 g)
200 g Cocktailtomaten
200 g Miniromanasalat (geputzt 150 g)
4–6 Stängel Minze (10 g Blätter)
4–6 Stängel Dill (8 g Dillspitzen)
4–6 Stängel glatte Petersilie (10 g Blätter)
20 ml Zitronensaft (4 TL)
frisch gemahlener schwarzer Pfeffer
15 ml Leinöl (3 TL)
15 ml Weizenkeimöl (3 TL)
150 g Hüttenkäse

Salzwasser in einem Topf zum Kochen bringen und einen Dämpfeinsatz einsetzen – er sollte das Wasser nicht berühren. ■ Den Brokkoli putzen, dann in sehr kleine Röschen und die zarten Stiele in Scheiben schneiden. Waschen, in den Dämpfeinsatz geben und 4–6 Minuten bissfest dämpfen. ■ Den Dämpfeinsatz herausnehmen, den Brokkoli kalt abschrecken und abtropfen lassen. ■ Inzwischen die Gurken waschen, längs vierteln und quer in kleine Stücke schneiden. Den Sellerie putzen, die Fäden abziehen, abspülen und klein würfeln. Die Tomaten waschen, vierteln und die Stielansätze wegschneiden. ■ Den Salat putzen, waschen und quer in Streifen schneiden. Die Kräuter abbrausen und trocken tupfen, die Blätter bzw. Spitzen abzupfen und grob hacken. ■ Brokkoli, Gurken, Sellerie, Tomaten, Romanasalat und gehackte Kräuter in eine Schüssel geben und vermengen. ■ Den Zitronensaft mit Salz und Pfeffer verrühren, dann die Öle kräftig einarbeiten. Die Vinaigrette über den Salat träufeln und locker durchmischen. ■ Den Fastensalat auf zwei Schalen verteilen und mit dem Hüttenkäse toppen.

Pro Person 200 kcal, EW 10 g, F 10 g, KH 17 g

DOC FLECKS SUPPENGRÜN-FASTENSUPPE

Zubereitungszeit 20 Minuten plus 15 Minuten Garzeit

FÜR 2 PERSONEN

2 Porreestangen (insg. ca. 400 g, geputzt 250 g)
1 Stück Knollensellerie (geputzt 250 g)
1–2 Karotten (insg. 180 g, geschält 150 g)
1–2 Petersilienwurzeln (geschält 100 g)
½ Bund glatte Petersilie (20 g Blätter und Stiele)
1 Stück Ingwerwurzel (geschält 10 g)
1 Schalotte (geschält 30 g)
15 g Kokosöl (3 TL)
10 g Tomatenmark (2 TL)
1,2 l Gemüsebrühe
Salz
frisch gemahlener schwarzer Pfeffer

Die Porreestangen putzen und sehr gründlich waschen. Längs halbieren, dann quer in knapp 1 cm breite Streifen schneiden. ■ Sellerie, Karotten und Petersilienwurzeln schälen, abspülen und knapp 1 cm groß würfeln (siehe auch Tipp). ■ Die Petersilie abbrausen und trocken tupfen, Stiele und Blätter separat hacken. Ingwer und Schalotte schälen und sehr fein würfeln. ■ Das Kokosöl in einem Topf erhitzen und die Schalotte darin bei mittlerer Hitze glasig andünsten. Ingwer und Petersilienstiele zugeben und kurz mitdünsten. Das Tomatenmark hinzufügen und anrösten, dann mit der Brühe ablöschen. ■ Den Porree mit dem gewürfelten Gemüse zugeben, aufkochen, den Deckel aufsetzen und etwa 15 Minuten köcheln lassen, bis das Gemüse bissfest gar ist. ■ Die Suppengrün-Fastensuppe mit Salz und Pfeffer abschmecken, in zwei Schalen füllen und mit den gehackten Petersilienblättern bestreut servieren.

TIPP Alternativ zum Würfeln können Sie Sellerie und Karotten auch zu dünnen Gemüsenudeln verarbeiten, in kurze Stücke schneiden und in die Suppe geben.

ANHANG

Der Einkaufs- und Ernährungsassistent für unsere Kochbücher

Abschreiben oder Abfotografieren war gestern

Rezepte aus unseren Kochbüchern lassen sich kostenlos auf **www.mengenrechner.de** an die Personenzahl und individuelle Portionsgrößen anpassen und als E-Mail auf Ihr Smartphone schicken oder gleich dort aufrufen. Zutaten lassen sich streichen, neue Zutaten ergänzen.

Rezept- und Zutatenfilter

Suchen Sie zum Beispiel nach veganen, vegetarischen, glutenfreien, laktosefreien oder nach Rezepten mit Zutaten, die Sie noch vorrätig haben. Speichern Sie Lieblingsrezepte und Einkaufslisten.

Persönlicher Ernährungsassistent

Sortieren Sie Rezepte nach Kalorien, Kohlenhydraten, Fett- oder Eiweißgehalt. Berechnen Sie wissenschaftlich Ihren täglichen Kalorienbedarf und -verbrauch. Legen Sie Maximalwerte für Kalorien- oder Kohlenhydrataufnahme fest. Führen Sie Tagesprotokolle mit Nährwertbilanz.

ZUTATENREGISTER

REZEPTVERZEICHNIS

STICHWORTLISTE

VITAE

Dr. med. Anne Fleck ist international anerkannte Expertin für innovative Präventiv- und Ernährungsmedizin und Gesundheit. Als Fachärztin für Innere Medizin und Rheumatologie mit Expertise in Naturheilverfahren und ganzheitlichen Heilmethoden verfolgt sie den Ansatz aus effektiver Kombination modernster Spitzenmedizin, Zuwendung und Naturheilkunde. Sie gilt in Deutschland als Pionier, weil sie moderne Forschung und tradierte Heilverfahren innovativ miteinander verbindet. Einem breiten Publikum bekannt ist sie aus der Fernsehserie „Die Ernährungs-Docs" (NDR Fernsehen) und als Bestsellerautorin. Sie demonstriert mit ihrer Heilmethode, wie man auch schwere Krankheiten mit einfachen Lösungen und innovativer Ernährung lindern kann. Anne Fleck lebt in Hamburg und arbeitet in ihrer eigenen Praxis. Sie bietet zudem Beratungen, Vorträge und Seminare an (Informationen unter **www.docfleck.com**). Die begeisterte Hobbyseglerin liebt die Natur, kocht leidenschaftlich gern, malt und zeichnet.

Bettina Matthaei Die Kochbuchautorin Bettina Matthaei hat eine ausgeprägte Leidenschaft für Gewürze. In ihren zum Teil preisgekrönten Büchern spielen Gewürze immer eine besondere Rolle und verleihen ihren Rezepten ihre ganz persönliche Handschrift. Für das Familienunternehmen, die Hamburger Manufaktur 1001 Gewürze (www.1001gewuerze.de) sowie für Kunden, bekannte Köche und die gehobene Gastronomie entwickelt sie ausgefallene Gewürzmischungen. Daneben veranstaltet sie Gewürzworkshops, unter anderem an Bord der MS Europa. Ihre zahlreichen Reisen in die Gewürzländer der Welt inspirieren sie und durch den ständigen Umgang mit Gewürzen entdeckt sie immer neue geschmackliche Nuancen. So entstehen laufend neue Ideen, wie sich Gewürze harmonisch, spannend oder ungewöhnlich kombinieren und in Rezepten einsetzen lassen.

Hubertus Schüler wurde Fotograf, weil er, wie er selbst von sich behauptet, nicht malen könne – was angesichts seiner Werke ein großes Glück für die Fotografie ist! Geboren und aufgewachsen im schönen Münster, absolvierte er dort in einer Werbeagentur auch die Ausbildung zum Fotografen. Die Assistenzzeit verbrachte er in Düsseldorf, bevor er sich 1990 in Bochum selbstständig machte. Seitdem arbeitet er mit Vorliebe und Hingabe an spannenden Buchprojekten und genießt den gestalterischen Freiraum, in dem er sich dabei bewegen darf.

IMPRESSUM

Originalausgabe Becker Joest Volk Verlag GmbH & Co. KG
Bahnhofsallee 5, 40721 Hilden, Deutschland

3. Auflage Dezember 2018
ISBN 978-3-95453-160-8

WWW.MENGENRECHNER.DE
UNSER KOSTENLOSER SERVICE FÜR SIE

Ausführliche Infos
Seite 202

Text Dr. med. Anne Fleck
Rezeptredaktion und Nährwertberechnung
Bettina Matthaei
Food-Fotografie Hubertus Schüler
Assistenz Benedikt Obermeier
Foodstyling Stefan Mungenast
Projektleitung Johanna Hänichen
Koordination Fachlektorat Philine Anastasopoulos
Layout, Buchsatz Dipl.-Des. Melanie van Bentum, Dipl.-Des. Justyna Schwertner, Makro Chroma Joest & Volk OHG, Werbeagentur
Grafiken Dipl.-Des. Melanie van Bentum, Maja Filipek
Bildbearbeitung, Lithografie
Ellen Schlüter und Makro Chroma Joest & Volk OHG, Werbeagentur
Lektorat Doreen Köstler
Fachlektorat Rezepte Şebnem Yavuz
Druck Mohn Media Mohndruck GmbH